인도 인사이트

인도 인사이트

초   판 1쇄발행 2018년 6월 25일
개정판 2쇄발행 2020년 2월 10일

지은이 손창호
펴낸이 채종준
기 획 이강임
디자인 김정연
편 집 박미화, 김다미
마케팅 송대호

펴낸곳 한국학술정보(주)
주소 경기도 파주시 회동길 230 (문발동)
전화 031 908 3181(대표)
팩스 031 908 3189
홈페이지 http://ebook.kstudy.com
E-mail 출판사업부 publish@kstudy.com
등록 제일산-115호(2000. 6. 19)

ISBN 978-89-268-8469-0 13340

인 도 인 사 이 트
India Insight
— 인도의 모든 것을 들여다보다
손창호 지음
장터 | 아크릴 | 97*162cm | 2018
이담
Books

　　세계 4대 문명의 하나인 인도대륙은 우리에게는 그저 선입견의 땅일 뿐이었다. 많은 사람이 수박 겉핥기식 여행을 하고 돌아와 이 대륙의 종교와 사람들, 그리고 문화를 얘기한다. 나 역시 작년에 처음 인도를 방문하고 참으로 많은 선입견이 있었다는 반성을 하게 되었다. 이 거대한 대륙과 세계에서 두 번째로 많은 인구가 사는 나라가 불과 이천만 명의 인구에 지나지 않았던 영국의 식민지가 되고 이백 년 가까이 그들의 지배를 받았다는 것은 그만큼 이 나라가 구심점을 찾기 어려운 다양함의 모자이크였기 때문이다.

　　그러나 이제 인도는 세계의 강국으로 부상하고 있다. 그 엄청난 인구와 대륙의 자원, 그리고 뛰어난 인재들이 새롭고 강한 인도를 건설하고 있는 것이다. 나는 그 저력이 장대한 역사와 풍요로운 문화라고 믿는다. 실리콘밸리의 고급 IT 인력의 태반이 인도인이고 할리우드보다 더 많은 영화를 만들어 내는 나라는 인도밖에 없다. 우리나라도 인도의 잠재력을 크게 깨닫고 신남방정책의 핵심으로 동남아시아국가연합(ASEAN)과 인도를 꼽고 있다. 우리가 뻗어 나가야 할 무한대의 시장, 떠오르는 엘도라도가 바로 인도이기 때문이다.

　그럼에도 불구하고 우리는 인도에 대해 아는 게 없다. 힌두교도와 이슬람교도의 갈등이나 타지마할, 그리고 소가 거리를 어슬렁거린다는 것 같은 지엽적인 지식 외에는 인도는 우리에게 생소한 나라였고 인도에 관한 책도 몇몇 번역 역사서 또는 가이드북 외엔 거의 없다. 이런 아쉬움 속에 외교관인 손창호 씨의 현지 경험을 바탕으로 한 인도 관련 책이 나온다니 정말 반갑고 고마울 따름이다. 외교관이라면 공무만으로도 바쁠 터인데 틈틈이 우리 국민을 위해 저술까지 했다니, 진정한 공직자의 태도라고 생각하며 깊은 감사와 존경의 마음을 보낸다. 부디 이 책이 널리 읽혀 새롭게 떠오르는 장구한 역사를 지닌, 그러나 젊은 나라 인도에 대한 우리 국민의 인식과 관심이 높아지기를 기대한다.

《먼나라 이웃나라》 저자, 덕성여자대학교 총장
이원복

인도는 외국인들이 이해하기 어려운 나라이다. 아프리카, 미국, 유럽, 동남아, 북한(한반도에너지개발기구 대표로 북한에서 2년 근무) 등에서 20년을 살았고 60여 개 나라를 여행한 경험이 있는 나로서도 인도는 미스터리한 국가로 남아 있다. 인도를 경험한 한국 사람들의 인도, 인도인에 대한 평가는 좋아하든지 싫어하든지 양극단만 있고 중간은 없다. 외국인들도 마찬가지다. 2012년 외교단 모임에서 유럽 국가의 대사 둘이서 나누는 대화를 들은 기억이 난다. 한 대사가 인도 사람들은 남의 일에 간섭하지 않고 다른 사람의 뒷담화를 하지 않아서 좋다고 하면서 인도인에 대한 호감을 나타냈다. 다른 대사는 인도인의 그러한 태도는 상대방을 존중해서라기보다 상대방에 대한 무관심 때문이라고 비아냥거렸다.

갠지스강 중류에 위치한 바라나시(Varanasi)는 인도에서 가장 오래된 도시 중 하나로 힌두교, 불교, 자이나교의 성지이다. 연간 100만 명이 넘는 순례자들이 이곳을 방문하여 갠지스 강물에 목욕 재개하면서 이승에서 쌓은 업을 강물에 씻어 버린다. 강둑의 한편에는 시체를 태워 그 재를 강물에 뿌리는 화장터가 있다. 울긋불긋한 옷으로 단장한 시신은 친지들의 애도 속에서 장작불에 태워져 한 줌의 재가 되어 강물에 뿌려진다. 그 옆의 또 다른 장례식에는 화장에 쓰일 장작더미가 옆의 것의 절반에도 미치지 못하기도 한다. 죽음을 애도하는 사람들이 장작을 마련할 돈이 부족하기 때문이다. 장작이 부족하여 미처 재가 되지 못한 육신의 일부는 강물에 그냥 버려진다. 가난한 이의 시신은 죽어서도 차별받나 보다. 성지 바라나시의 갠지스강에서 매일 벌어지고 있는 이 장면은 인도의 속살을 보여 주는 한 예에 불과하다.

손창호 외교관의 《인도 인사이트》는 이러한 인도의 미스터리를 이해할 수 있는 가이드북이라 할 수 있다. 인도의 미스터리에 대한 이해는 인도의 종교와 역사에 대한 이해로부터 출발해야 하는데, 저자는 인도의 과거와 오늘, 인도인의 심성과 신앙을 쉽게 그러나 핵심을 짚어가며 설명하고 분석하였다. 또한 이 책은 외교관이 쓴 글답게 인도의 정치, 경제를 다루면서 인도의 장래를 예측하였다.

인도의 정치는 달라지고 있다. 그 중심에는 모디 총리가 있다. 나렌드라 모디(Narendra Modi)가 주총리로 취임한 2001년 이후 구자라트(Gujarat) 주는 10여 년간 매년 10% 내외의 경제성장을 이루었다. 모디는 인도에서 가장 인기 있는 정치인이었으나, 그가 연방정부의 총리가 되는 데에는 걸림돌이 있었다. 그에게는 주총리 취임 직후 구자라트에서 발생한 열차 내에서의 힌두교도의 이슬람교도 학살사건을 방조하였다는 주홍글씨가 새겨져 있었다. 그러나 개혁에 대한 인도인의 열망은 그 주홍글씨를 지웠고, 모디는 2014년 연방정부의 총리로 취임하였다. 나는 2012년 모디 주총리를 방문한 적이 있다. 아이보리색 인도 국민복을 깔끔히 차려입은 그는 구자라트 주 지도를 책상에 펼쳐 놓고, 구자라트 주 해안선이 조선업에 적합한 입지조건을 갖추고 있다는 점을 나에게 상세히 설명하면서 한국 조선업의 구자라트 진출에 내가 적극적으로 나서 줄 것을 요청하였다. 당시 나는 뉴델리에서 우리 조선업체가 인도에 진출하여 인도 군함을 공동으로 건조하는 사업을 연방정부와 협의 중이었는데 모디 총리가 그 소문을 듣고 한국 조선소의 구자라트 유치를 추진하였던 것이었다. 또한 구자라트 주는 금주와 금연이 주법에 명시되어 있다. 독실한 힌두교도인 모디 주총리의 작품이다. 그러나 한 사람의 힘만으로 거대한 코끼리인 인도를 쉽게 움직일 수는 없을 것이다. 만모한 싱(Manmohan Singh) 전 총리의 말대로 "인도라는 코끼리는 느리게 발걸음을 옮기지만 그 족적은 클 것이다." 손창호 외교관의 《인도 인사이트》는 그 코끼리의 걸음걸이를 이해하는 나침판이 될 것이다.

전 인도 주재 대사
김중근

인도 역사 전문가인 존 키(John Keay)가 저술한 『India: a History』의 글귀 중 가장 인상에 남는 문구는 인도인이 남겨 놓은 역사책이 없다는 부분이었다. 유서 깊은 인도문명이 배출한 사서(史書)가 없다는 사실은 놀라웠다. 실제 인도인들과 대화를 나누고 의견을 나눌 때 역사가 언급되는 경우는 드물다. 이렇듯 무심한 태도 때문에 인도를 설명할 때 역사를 빠뜨리기 쉽지만 역사는 그들의 가치관, 생활관 그리고 종교관에 이르기까지 깊숙이 체화되어 있다.

인도의 복잡다기한 정치, 경제, 사회, 문화 등을 제대로 설명하기란 상당히 어렵다. 모자이크처럼 구성된 '인도'라는 존재 자체가 일관적인 설명을 불가능하게 만든다. 지리적, 민족적, 문화적으로 이질적인 요소들이 모여서 인도를 구성하기 때문에 더욱 그렇다. 2년여 동안 인도에서 생활하면서 많은 인도 방문객들에게 '장님 코끼리 만지듯' 인도에 관해 설명해 주었다. 영화 〈슬럼독 밀리어네어〉의 주인공 자말이 타지마할(Taj Mahal)에 대해 자신만의 판타지를 섞어 멋대로 설명하듯, 나도 일정 부분 가공하여 델리(Delhi)를 설명하고, 인도 경제를 전망하고, 인도인들에 대한 스테레오타입의 묘사를 입혔다.

존 키의 역사서를 읽은 시점이 나에게는 터닝 포인트였다. 특히 델리 술탄조(Delhi Sultanate)가 등장하는 1200년 전후의 역사는 인도를 새로운 시각에서 보게 했다. 영국인 인도 전문가가 서술한 당시 역사 상황은 매우 잔혹했다. 평화롭게 지내는 힌두인들의 삶을 유린하고, 그들이 세워 놓은 찬란한 힌두-불교 문화유산들을 초토화하는 장면에서 몇 번이나 책을 내려놓아야 했다. 이후 시끌벅적하게 하루하루를 살아가는 인도인들이 다르게 보이기 시작했다. 그것은 거대한 문명의 용광로로서 그 어떤 애환과 고통 또한 억겁의 시간 속의 스쳐 지나가는 찰나로 여기는 이들을 대하는 나의 진지한 자세였다.

이후 나의 인도에 대한 설명에는 역사가 곁들여졌다. 그 역사는 자못 묵직했는데, 힌두와 무슬림, 영국 그리고 현대 인도가 버무려지면서 나타나는 정치, 경제, 사회, 문화 현상들을 엮었다. 설명의 배후에는 수천 년간 인도인들이 겪어 온 도도한 세월의 흐름이 있었다. 물론 인도인들이 나와 같은 생각을 하는지는 알 수 없다. 그럼에도 이후 인도에서의 생활이 훨씬 자연스러워지고, 인도인들을 좀 더 편안히 대할 수 있었다는 점에서 나는 이들과 특별한 연결고리를 갖게 된 것 같다. 이 책은 그러한 한국-인도 간 연결고리를 독자들에게 귀띔하려는 조그만 시도다.

　수많은 지인들이 나의 인도에 대한 이해를 밝혀 줬다. 비벡, 초한, 실파, 인드라니, 산딥 등 친구들과의 대화 중 상당수가 이 글의 기초자료가 되었다. 10번도 넘게 방문한 타지마할, 델리 시내의 로디가든(Lodhi Gardens), 남(南) 델리의 쿠트브 미나르(Kutb Minār)에서 떠오른 영감들도 좋은 기억으로 남아 있다. 대사관 선배와 동료들과 짬짬이 나누던 한 잔의 차이(chai)에 우려낸 인도에 대한 평가도 이 책을 집필하는 데 한 축이 되었다. 특히 인도에 대한 애정과 남다른 분석력으로 인도 전문 컨설턴트로 거듭나고 있는 인도 언스트앤영(Ernst & Young) 장재원 이사와 버드트리 투자자문(BUDDTREE Investment & Management) 유지혜 대표에게 감사의 마음을 전한다. 냉철한 평가와 분석

은 물론이고, 난해한 인도 생활을 같이해 준 집사람을 끝으로 이 책에 대해
모든 이들에게 다시 한번 고마운 마음을 표한다.

손창호

Contents

올드 델리 | 아크릴 | 65*53cm | 2016

제1장

인도 정치와 사회를 규정하는 요소들

인도 건국의 아버지,
마하트마 간디

인도가 유구한 역사를 자랑하지만 결국 구심점에 있는 인물은 마하트마 간디(Mahatma Gandhi)다. 역사상 처음으로 통일인도를 무력이 아닌, 오로지 인덕과 리더십으로 결집해 낸 간디의 업적은 세계사적으로 눈길을 돌려 봐도 유사한 예를 찾기 어렵다. 간디는 현대 인도를 일궈 낸 건국의 아버지이자, 이념적 설계자이기도 하다. 독립을 이룬 1947년 당시 인도는 8억 명에 달하는 인구를 보유한 거대 국가였지만, 자국인이 통치하던 단일 국가로서의 경험은 없었다. 수십여 개의 언어와 제후국, 제각각 상이한 문화와 종교가 난립하던 지역에 하나의 통합된 인도를 만든다는 것은 사실상 기적에 가까운 일이었다. 20세기 초까지만 해도 각 제후국 간의 문화적·경제적 이질성은 유럽 대륙의 국가들이 갖고 있던 서로에 대한 이질성과 독립성에 비견될 정도였다. 통일인도의 형성은 마치 프랑스, 독일, 이탈리아, 영국, 스페인 등을 하나의 국가로 통합하는 것과 비교할 수 있을 정도로 어려운 일이었는데, 이런 업적을 이뤄 낸 것이 바로 간디다.

간디의 업적을 논할 때 그가 주창한 냉철한 정치 이념과 인도인의 피를 끓게 한 독립 투쟁만으로는 모든 것을 설명하기 어렵다. 세계 곳곳에서 식민지 지배체제하에 신음하던 수많은 피식민지 민족들 역시 간디에 견줄 만한 훌륭한 독립투사와 이념가들을 배출하여 독립 투쟁을 전개했다. 그러나 다른 국가의 독립투사와는 달리, 간디가 내세웠던 독립 이념 및 행동 방식은 인도에 국한되지 않고 전 세계적으로 퍼져 나갔고, 간디의 반제국주의 투쟁 방식을 추종하는 독립운동가들이 세계 곳곳에서 등장했다. 비협조·비폭력 투쟁 방식은 전 세계적으로 큰 화제를 불러일으켰고, 우리나라에서도 간디에 대해서 몇 마디 정도는 해야 식견을 인정받을 정도로 세계적 명사로 떠올랐다. 하지만 이런 사실만으로는 간디가 어떻게 8억 명의 인도인들을 하나로 규합할 수 있었는지를 설명하기에는 부족하다.

간디가 어떤 인물이었는지에 대해서는 수많은 연구가 있다. 가장 흥미로운 것은 간디의 개인사적인 부분인데, 사실 간디의 숨은 일화에서 통일인도를 일궈 낸 간디의 역량에 대한 단서를 찾을 수 있다. 겉으로 드러난 부분만 보면 간디는 20세기 초 제국주의가 한창 위세를 떨치던 시절, 영국제국의 식민지 출신으로 런던에서 고등교육을 받고 고국으로 돌아와 선진 지식과 견문을 활용하여 민족의 독립을 위해 헌신한 인물로 간주하기 쉽다. 실제로 당시 많은 식민지 지식인들은 이와 유사한 경로를 따라 걸었고, 자국의 독립을 이끌어 내었다. 그러나 간디에게는 여느 독립투사들과는 대별되는 복잡한 내막이 있었다.

'간디' 하면 가장 먼저 떠오르는 이미지는 아마도 인도 전통 복장일 것이다. 간디는 양장을 멀리한 채 오로지 면포로 몸을 휘감은 인도 평민 복장으로 30여 년에 걸쳐 독립운동을 전개했다. 이러한 간디의 차림새만 봐서는 인도로 귀국하기 전 남아프리카공화국에서 변호사로 활동하던 그의 과거를 짐작하기 어려울 정도다. 간디는 인도 서부의 상업 중심 지역인 구자라트(Gujarat)주의 상업 계통 카스트(caste) 출신으로 제법 유복한 가문에서 자랐다. 사실 간디에게는 평민복보다 간디의 정치적 후계자였던 자와할랄 네루(Jawaharlal Nehru)가 즐겨 입었던 인도 상류층 복장인 아치칸(achkan)이 신분상 더 잘 어울리는 복장이었지만 간디는 꿋꿋하게 평민복을 고집했다. 1920년까지 남아프리카공화국에서 변호사로 일하던 말쑥한 정장 차림의 간디와 인도에서 독립투사로 살았던 간디는 겉모습에서부터 큰 차이를 보인다.

힌두교를 믿었던 간디의 신앙심은 극단적인 원리주의 경지에 비견되는 수준이었다. 힌두교에서 중시하는 절제, 비살생, 금욕, 평화, 영혼의 순수성 등을 끊임없는 자기 수련을 통해 구현했는데, 이러한 간디의 모습이 인도인들의 심금을 울린 것은 당연했다. 가혹할 정도의 자아성찰과 고민, 이것을 인도의 통합과 독립에 어떻게 투영시킬 것인지에 대한 정치적 고뇌는 간디가 남긴 수많은 서류와 지인과의 서신을 통해 잘 드러나 있다. 인도 평민들은 힌두교 구루(guru: 힌두교, 불교, 시크교 등의 종교에서 스승 또는 자아를 터득한 신성한 교육자)의 경지를 보이는 간디에게 열광했고, 간디가 주창하는 독립과 통합의 메시지에 공감했다.

하지만 남아프리카공화국에서 변호사로 일했던 시절의 간디를 살펴보면 독립투사로서의 모습은 크게 드러나지 않는다. 그 시절 간디는 식민지 출신 변호사로서 영국인의 홀대와 차별에 반대하고 평등한 대우와 권리를 주장했지만, 이것은 어디까지나 영국법 틀 안에서 얻어 내려는 전형적인 온건 독립운동가의 모습이었기 때문이다. 이 정도의 독립운동은 다른 식민지에서도 흔하게 접할 수 있는 유형이었고, 일제 치하에서 미국이나 일본에서 유학하고 새롭게 습득한 신지식과 견문으로 독립운동을 이끌었던 우리나라 독립운동가들과도 큰 차이가 없다. 결국 간디가 남아프리카공화국에서 깨달은 것은 영국이 제공한 법적 틀 내에서는 독립을 쟁취하는 데에 한계가 있다는 사실이었다. 이를 극복하기 위해 간디는 8억 명에 달하는 인도인들의 독립에 대한 열망을 한곳으로 결집시키는 이념, 즉 민족주의와 힌두교를 구심점으로 활용했다.

간디가 인도의 리더로서 인도인들과 완벽한 교감을 위해 행한 노력은 지금도 널리 회자된다. 그중 부인과의 금욕 선언은 잘 알려진 일화다. 이것은 힌두교의 성자나 구루에게 요구되는 가장 큰 덕목인 금욕을 통해 영혼의 순수성을 회복하고, 해탈이나 깨달음의 경지로 도달하기 위한 노력이다. 불교를 통해 우리에게도 익숙한 금욕과 유사한 개념이다.

아내인 카스투르바(Kasturba)나 아들인 할리랄(Harilal)을 대한 방식에서도 간디의 힌두교에 대한 신념, 그리고 당시 일반 인도인들의 생활 방식이나 신앙심을 준수하려는 강한 의지를 엿볼 수 있다. 1944년 카스투르바가 폐렴에 걸려 생명이 위독한 상황에서 간디는 힌두교 사제들로 하여금 그녀의 쾌차를 기원하는 찬송가를 계속 부르도록 한다. 카스투르바의 증세는 점점 악화되었지만 간디는 당시 여느 인도인들과 마찬가지로 전통적인 치료법만을 고집했고, 결국 카스투르바는 사망한다. 장남인 할리랄에 대한 간디의 냉정한 태도도 카스투르바의 희생과 유사한 측면이 있다. 유년기 아버지인 간디를 닮아 매우 총명했던 할리랄은 그 시절 많은 젊은이들이 그러했듯 영국 유학을 희망했다. 간디는 할리랄의 유학을 끝끝내 반대하는데, 그 배후에는 민족의 지도자이자 독립투사인 간디의 아들이 귀족처럼 영국으로 유학을 가는 모습을 인도 민중들이 절대로 받아들이지 않을 거라는 생각이 깔려 있었다. 이를 계기로 할리랄은 간디와 부자 관계를 끊고 술과 마약에 빠져 살다가 1948년 간디가 암살된 지 4개월 만에 폐렴으로 사망한다.

　물론 정치인의 개인사가 정치 활동과 분리 가능한 것인지에 대해서는 여러 의견이 있을 수 있다. 논리적으로 따졌을 때는 분명 분리가 가능하다. 다시 말해 공인으로 공개된 영역에서 자신의 정치적 신념을 일반 대중에게 설파하고 설득함으로써 국가와 사회를 이끄는 것과 집안의 개인사는 분리할 수 있다. 그러나 사적인 영역과 공적인 영역이 분리되지 않은 인도에서는 불가능한 일이다. 시시콜콜한 가정사까지도 알음알음 입에서 입으로 순식간에 전파되는 인도 사회의 특성을 간디는 너무나 잘 알았고, 이러한 입소문을 유념하여 정치적 신망을 극대화하였다. 인도를 위해 아내와 아들마저 자신의 정치 신념에 따라 대우한 간디에게 '마하트마(Mahatma)'라는 호칭을 주저 없이 붙일 만큼 간디에 대한 인도인들의 존경과 숭배는 당연하다.

남아프리카공화국에서 변호사로 일할 때의 말쑥한 양복 차림과 귀국한 후 인도에서 독립운동가로 활동할 때의 복장이 극명하게 대조되는 부분이 인상 깊다.

한 나라,
다른 나라

　현대 세계는 국가라는 개념으로 잘 구획화되었지만, 이러한 구획화는 불과 50여 년 정도의 짧은 역사를 지닌 비교적 새로운 개념이다. 예전에는 중앙집권적인 통일국가가 외에 다양한 형태의 국가, 즉 자치령과 영주국, 식민지, 제후국들이 존재했다. 왕을 중심으로 통일된 형태의 국가를 유지한 조선이나 중국 같은 나라도 있었지만, 그보다는 좀 더 느슨한 형태의 봉건주의가 일반적이었다. 중앙 권력에 의존하지 않고 사실상 독립국으로서의 지위를 유지하면서 중앙정부에는 명목상 충성을 맹세하고 소정의 세금만을 납부하는 형태를 쉽게 볼 수 있었다.

　집단 구성원이 비슷한 수준의 힘과 영향력을 지닐 때 생기는 첨예한 갈등은 내부적인 분쟁 해결 방식만으로는 수습이 어려울 때가 많다. 지역 간 분쟁이 발생한 경우, 갈등과 불화가 계속되면 중앙정부가 나서서 중재하거나 사법부에서 유권해석을 내리고, 아예 물리력을 동원해서 해결하는 경우도 있다. 어쨌든 그 분쟁의 주체가 가족 구성원이건, 지역사회건 관계없이 한 차원 높은 권력에 문제 해결을 의뢰한다는 원리는 동일하다.

　이런 관점에서 보자면 인도의 역사는 흥미롭게 전개된다. 인도라는 거대한 영토가 지금처럼 통일 국가의 모습을 구현하기 시작한 시점은 1680년대이다. 무굴제국(Mughul帝國)의 아우랑제브(Aurangzeb) 황제가 파키스탄부터 인도 남부까지 병합하면서 그때까지 수많은 소국으로 나뉘어 있던 인도를 한 국가로 통일시키는 기초가 마련되었다. 이전의 그 어떤 제국이나 왕국도 실현하지 못한 숙원을 아우랑제브 황제가 달성한 것이다. 무굴제국은 인도에서 탄생한 토종 제국이 아니라 아프가니스탄 지역에서 남진해 내려온 외래 세력이다. 수천 년에 걸쳐 인도의 토종 왕국이었던 마우리아(Maurya), 굽타(Gupta), 그 밖의 무수한 왕국들이 인도 통일이라는 대업에 도전했으나 모두 실패하였다. 인도 통합이 인도의 소국이나 제후국들에 의해서가 아니라 외래 세력인 무굴제국에 의해 이뤄진 것은 그만큼 시사하는 바가 크다.

하이데라바드(Hyderabad), 케랄라(Kerala), 타밀(Tamil), 벵골(Bengal), 신드(Sind), 카슈미르(Kashmir), 마이소르(Mysore) 등은 이제 인도의 한 지명으로 전락했지만, 이 지역들은 불과 100년 전만 해도 국가로 존재했었다. 특히 마이소르는 프랑스가 외교 관계를 맺자고 요청할 정도로 독립국가로서의 지위를 누렸다. 이 왕국들은 자연환경이나 군사력이 어느 한 왕국이 다른 왕국을 압도할 정도의 힘을 갖지는 못했기 때문에 서로 간 세력이 균형을 이루며 공존하는 형태였다. 평화롭게 공생한 것은 아니었고, 끊임없는 반목과 갈등을 겪었으며 국지전도 수시로 발생하는 등 호시탐탐 상대 왕국을 노리는 긴장된 상황이 지속되었다. 그러다 보니 무굴제국에 의해 흡수되고 현재는 뉴델리(New Delhi) 중앙정부에 통합된 상태이지만 이들의 문화, 사회, 언어, 관습 등 수많은 부분에서의 이질성은 수천 년 동안 내려오던 것이기 때문에 하루 이틀 만에 바뀔 성격이 아니다.

먹는 음식이 다르고, 사용하는 언어가 다르고, 사회 관습이 다르고, 외모마저 다르다면 이는 우드로 윌슨(Woodrow Wilson) 전 미국 대통령이 주창한 민족자결주의 원칙에 따라 각기 다른 국가로 인정함이 옳다. 예를 들어 카슈미르 지역인들은 대개 백색 피부에 탄두리 치킨(tandoori chicken)과 유제품 중심의 마살라(masala)를 즐기면서, 카슈미르 고유어를 쓰고 남성 중심의 가부장적 체제를 갖추고 있다. 남쪽의 타밀나두(Tamil Nadu) 지역은 쌀과 코코넛을 중심으로한 담백한 음식을 즐기고 남녀가 비교적 평등한 사회를 유지하면서 타밀어를 구사한다. 이 두 지역은 어느 측면에서 봐도 같은 민족으로 보기 어렵다. 공통분모가 전혀 없기 때문이다. 그런데도 인도라는 단일국가의 틀 안에서 인도인이라는 정체성을 유지하고 있는 것이 흥미롭다.

외부 힘에 의해 강제로 통합된 경우 그 외부 힘이 약화된다면 본래의 분할 상태로 되돌아가려는 관성을 따르기 마련이다. 하지만 한 국가의 일부분으로 자리 잡은 시간이 길수록 재분할은 어려워진다. 실제로 1947년 인도와 파키스탄이 분리되었을 때 발생한 수백만 명의 이주민과 참혹한 인종 학살과 인권유린은 국가 분리의 대가가 얼마나 큰지를 단적으로 보여 준다. 1700년대에는 엄연히 다른 왕국이었지만 무굴제국과 영국의 식민 통치를 거치면서 사회 통합이 상당히 진전되었기 때문에 국가 분리에 그만큼 큰 피해가 수반된 것이다.

비록 서로 다른 민족이지만 외세에 의한 통합 국가라는 결과물을 받아들이고, 중앙집권적 국가를 유지하면서도 지역별로 고유한 독자성과 자치성을 유지하는 것이 인도 민주주의의 큰 장점이다. 한반도라는 작은 공간에서 남북 간에 대립하고 있는 우리 상황을 볼 때 인도의 통합과 성장을 향한 노력은 눈여겨볼 또 하나의 포인트라는 생각이 든다.

인도의 불교

흔히 인도를 불교의 나라라고 일컫는다. 불교의 창시자인 싯다르타 붓다가 태어난 나라이기도 하고 고대부터 인도와 불교의 연관성이 깊다 보니 윤회, 자비, 해탈과 같은 불교 용어가 쉽게 연상된다. 젊은 싯다르타가 어느 날 현세의 고통과 생로병사의 번뇌에 문제의식을 느끼고 한 나라의 왕자로서 누리던 모든 부귀영화를 뒤로한 채 삶의 절대 진리를 얻고자 고행의 길을 나서는 장면은 많은 사람들에게 감명을 주었고, 수많은 불교 신자들이 이러한 붓다의 길을 걷고자 출가를 단행했다. 이러한 붓다의 생애를 되밟기 위해 전 세계 수많은 불자들이 붓다의 탄생지인 룸비니(Lumbinī)와 주요 활동 무대인 부다가야(Bodh Gayā) 같은 불교 성지를 방문한다.

인도인의 정신세계에는 불교가 지향하는 가치와 이념들이 오롯이 자리 잡고 있다. 그중에서도 생명에 대한 존중이 대표적인데, 이는 대부분의 인도인이 추구하는 채식주의를 통해 생활화되어 있다. 소, 개, 돼지 등 동물들이 거리를 활보하는 모습에서도 인간과 자연의 공존을 존중하는 인도인의 가치관을 엿볼 수 있다. 깨달음을 얻기 위해 고행하는 수도자들도 인도에서 쉽게 마주칠 수 있는데 노숙자와 별반 다를 바 없는 모습으로 길가에서 참선하는 모습은 수천 년 전 부처가 열반의 경지에 도달하기 위해 거쳤던 과정과 큰 차이가 없다. 그 밖에 전생의 업보가 현생을 초래했으며, 현생에서의 부단한 노력과 정진을 통한 깨달음으로 윤회를 벗어날 수 있다는 믿음, 카르마(karma)로 지칭되는 인연, 영혼과 육체의 순결을 추구하는 금욕적 생활 태도도 인도인의 생활 속에서 쉽게 접할 수 있다.

하지만 인도인에게 불교는 이미 잊힌 수많은 옛 종교 중 하나일 뿐이다. 비록 인도인의 생활 속에 불교가 지향하는 가치관들이 살아 있지만, 이는 우리에게 익숙한 불교의 가치관이 아닌 힌두교 일부로 체화된 불교의 잔상일 뿐 불교는 소멸했다고 봐야 한다. 영원한 깨달음의 경지를 지향하며 중생이 겪는 고통을 어떻게든 없애려 했던 붓다의 구도는, 결국 힌두교의 일부분으로 전락했고 인도에서 독립적인 종교로서의 위상은 없어진 지 오래다.

생명 존중, 윤회, 금욕, 영혼과 육체의 순수성 등은 불교가 지향하는 대표적인 가치관이지만 불교 사상에서 붓다가 출가한 원인과 그 해결책으로 내세운 핵심은 자비다. 예수가 주창한 사랑보다 700년가량 앞선 붓다의 자비는 당시 인도인이 겪던 생로병사의 고통에 대해 인간이라면 당연히 갖고 있는 연민의 정을 바탕으로 도움을 주고 그 고통으로부터 벗어 나는 실질적인 방법론이다. 이러한 아름다운 정신은 당시 인도인들에게 큰 호응을 얻었고, 급기야 동남아와 동북아로 전파되어 세계 종교로 발전해 나갔다. 소승불교로 시작한 불교 교리는 처음에는 개인의 정신세계 구원에 머물렀으나 점차 대승불교로 발전해 사회에 기여하는 역할을 수행하면서 세계 종교로 부상하는 기반을 마련하게 된 것이다.

현재 인도 사회에서 불교가 주창하는 자비의 자취는 찾아보기 어렵다. 뉴델리 시내 어디를 봐도 수많은 걸식자들에 대한 배려는 거의 없다. 거대한 저택에서 넓은 정원과 윤택한 삶을 누리는 수많은 뉴델리의 상류층 시민들에게 담 밖에서 벌어지는 상황은 자신과 무관한 세계다. 뭄바이(Mumbai) 같은 고층 빌딩이 즐비한 현대적 도시에서도 빌딩의 밖은 여전히 슬럼가를 방불케 하는 빈곤의 세상이다. 그 옛날, 싯다르타가 성 밖에서 목격했던 고통의 세상이 현대에 들어서도 동일하게 구현되고 있음을 보면서, 결국 붓다의 노력은 수포로 돌아간 것이 아닌가 하는 생각마저 든다.

불교 교리에 깊게 들어갈 필요는 없다. 끊임없는 전생과 후생의 이어짐 속에서 궁극의 깨달음을 얻으면 윤회의 굴레에서 벗어날 수 있다는 믿음이 중요하다. 그리고 또 하나 중요한 부분은 카스트의 부정과 모든 사람은 평등하다는 믿음이다. 앞서 언급된 자비, 깨달음 그리고 평등정신은 현실 세계에서 고통받던 수많은 인도인에게 희망과 삶에 대한 의지를 부여했고, 한국 사회에서도 큰 영향력을 행사했다. 하지만 이제 인도에서는 불교의 교리를 찾아보기 어렵다. 자비의 정신은 개개인이 겪는 어려움이 전생의 업이라는 논리에 희석되었고, 평등의 정신은 힌두교가 내세우는 카스트에 의해 약화되었다. 깨달음 역시 구루의 가르침을 믿고 따르는 수동적인 형태로 변질되면서 불교 교리가 정립한 개인의 깨달음을 향한 능동적인 정진은, 결국 자취를 감추었다.

복잡한 인도 사회에서 집단적이고 극단적인 개인주의 모습을 목격하기란 어렵지 않다. 앞서 말했듯이 개개인이 겪는 어려움은 전생에서의 업보에 따른 결과로서 인식되기 때문이다. 이는 개인의 고통에 대한 인도 사회의 외면과 무시를 정당화시키는 논리로도 볼 수 있다. 간혹 연민의 정은 생길지 모르지만, 이는 텔레비전 드라마 속 슬픈 장면에서 갖는 수준의 감정이다. 다시 말해 업보의 논리는 개인의 고통을 실제로 자신과는 무관한 고통으로 취급하고, 이를 무시할 수 있도록 정당화한다. "네가 겪고 있는 고통은 네 업보 때문이야. 현생에서 고생하면 후생에서는 편하게 살 수 있을 거야"라고 말하며, 개인의 고통을 외면하는 심리에서 인도인 특유의 냉정한 이성과 개인주의를 느낄 수 있다.

윤회와 카스트는 불가분의 관계를 갖는다. 붓다가 카스트의 폐지를 추구하면서 평등사상을 설파했지만, 사실 윤회설이 살아 있는 이상 카스트를 없애기는 어렵다. 마치 우편번호처럼 전생에서의 업보와 덕의 실천에 따라 현생에서의 카스트를 부여받고, 현생에서의 업보에 따라 그다음 후생의 카스트를 배정받기 때문이다. 따라서 만민이 평등하다는 붓다의 이념은 인도 사회의 카스트에 대한 절대적 신봉과 상호 존립이 어렵다. 서구 민주주의에서 주창하는 평등론이 인도 사회에서 참정권의 형태로 수용될지언정, 카스트를 정면으로 부정하는 불교의 평등사상은 인도에서 설 자리가 없는 것이다.

마하보디(Mahabodhi) 대탑은 부다가야(Bodh Gayā)에 위치하며 붓다가 깨달음을 얻은 보리수나무 옆에 조성되어 있다. 대탑 안에는 불상이 안치되어 있고, 전 세계 수많은 승려들이 이곳에 와서 불공을 드린다. 힌두교 사원으로 가득 찬 인도에서 불교의 정취가 남아 있는 곳으로, 방문자들에게 남다른 감동을 준다.

　사회의 평등과 불평등에 대한 인식은 그 사회가 처한 환경적·경제적 여건, 사회 구성원의 성향 등 여러 요소가 복합적으로 작용한다. 붓다가 그렇게도 평등을 강조하였고, 이것이 인도 밖에서 크나큰 호응을 얻었지만, 막상 발상지인 인도에서는 외면받고 다시금 카스트로 회귀할 수밖에 없었던 이유는 어쩌면 인도라는 거대한 나라의 인구수, 농업 중심 경제, 그리고 온순한 민족 성향 때문으로 볼 수 있다. 평등의식이 매우 중시되고, 어떻게든 현세에서 행복과 부귀공명을 누리려고 노력하는 한국 사회에서는 받아들이기 어려운 관념이다.

인도 사회의
갈등과 공존

인도를 대변하는 단어로 평화와 온건주의를 뽑을 수 있다. 역사상 인도가 주도적으로 전쟁을 일으킨 경우는 매우 드물다. 대부분 외래 민족의 침입으로 발발한 전쟁들인데, 이런 점은 한국과 흡사하다. 이념적으로도 인도는 평화를 중시했다. 마하트마 간디가 주창한 비폭력주의는 전 세계인의 호응을 얻었고, 냉전 시대에는 비동맹 노선을 견지하면서 미국과 소련 간 군사적 대립에 반대했다. 인도에서 발생한 수많은 종교들도 대부분 평화와 안정을 중시하는 등 폭력적 성향과는 거리가 멀다. 하지만 최근 인도 사회에서 발생한 각종 폭동사태는 인도에 대한 일반적 인식과 거리가 멀다는 점에서 단순한 우발적 사건에 불과한지, 아니면 폭력을 조장하는 내재적 요인이 있는지 사람들의 관심을 받게 되었다.

대체로 인도인들의 품성이 온순하다고 말하지만, 이는 타고난 성품이 아니다. 인도 사회 특유의 문화와 관습, 일상생활을 꼼꼼하게 규율하는 풍습, 카스트에서 요구되는 절제 및 타인에 대한 예의, 지연 및 혈연관계에서 유래하는 개인 간의 예절 등이 얽어져 나온 최종 결과물이 바로 인도인의 온순함이다. 따라서 현재 인도에서 일어나는 빈번한 집단폭력은 엄격한 사회적 기제가 그 기능을 상실했을 때 폭발하는 인도인들의 내재된 불만일 가능성이 크다.

인도 사회를 규율하는 가장 큰 요소는 종교다. 인도의 대표 종교인 힌두교와 인도 내에서는 비록 소수 종교지만 세계 3대 종교 가운데 하나인 이슬람교는 인도 사회에서 큰 비중을 차지한다. 힌두교와 이슬람교는 엄정한 교리와 함께 종교적 순수성을 유지하기 위해 특유의 배타성을 지닌다. 힌두교가 여타 종교들과 평화적으로 공존하긴 하지만 이것은 어디까지나 다른 종교의 존재를 인정하는 수준에 불과할 뿐 다른 종교의 특성을 받아들이는 데는 인색하다. 힌두교는 하루하루를 온전히 규율하는 생활 관습 그 자체이며 공동체 생활까지 규정할 정도로 촘촘한 규범 체계를 가진 점이 큰 특징이다. 이슬람교 또한 신 앞에 경건한 자세와 엄격한 규율 준수를 요구하지만, 절대적 존재이자 유일신인 알라를 숭배한다는 점에서 다신(多神)을 믿는 힌두교와 구별된다. 이러한 이질성은 두 종교가 천여 년 동안 인도에서 공존했음에도 불구하고, 서로 섞이지 못하는 배타성으로 나타난다.

이렇듯 상호 배타성을 지니는 두 종교 간의 교류는 제한적일 수밖에 없다. 상호 공존하고 서로의 종교의례와 예식을 존중하지만, 교리를 이해하는 수준에는 못 미친다. 그러므로 피상적인 공존 상태에 있는 두 종교 집단 간의 분쟁이 생길 경우 수습이 쉽지 않다. 정치적으로 분쟁을 해결할 수도 있지만, 어느 한 종교가 권력을 잡고 있는 경우 편파적인 방법에 의해 문제가 해결될 가능성이 크다. 이슬람교를 국교로 삼았던 무굴제국은 이슬람에 대한 편향성을, 힌두교를 국가의 근간으로 삼은 현대 인도의 경우 (비록 정교분리를 선포했지만) 정치적으로 힌두교를 우선시하는 특성을 보일 수밖에 없다.

인도에서의 폭동은 종교적 대립으로 불거지는 경우가 대부분인데 그 폭발력은 다른 나라에서 보기 어려운 대규모 수준이고 매우 폭력적이다. 1984년 인디라 간디(Indira Gandhi) 총리가 시크교(Sikh敎) 출신 경호원들에게 살해당했을 때 뉴델리 도심에서 시크교도에 대한 학살극이 자행되었다. 바로 전날까지 가까이 지내던 이웃 힌두교도에 의해 시크교 일가가 집 안에 갇혀타 죽거나, 대낮 길거리에서 살해당하거나 집단 린치를 당했다. 또한 1947년 인도와 파키스탄이 분할되는 과정에서 양측 난민들 사이에서 발생한 백만 명에 달하는 집단 살인과 폭행은 종교적 갈등이 발생했을 때 인도인들이 얼마큼 잔인해질 수 있는지를 보여 주는 사례다.

이러한 대규모 폭동과 수많은 인명 피해는 종교가 인간에게 요구하는 생명의 소중함에 대한 교리를 무색하게 만든다. 상호 공존을 인정하더라도 그 공존 안에서 소통이 부재하고 상대방에 대한 이해가 낮을 경우, 정치세력과 결탁된 다수 종교가 소수 종교를 억압하면 소소한 종교 간 대립도 폭동을 촉발한다. 종교의 존립 자체가 위협받으면 생명의 소중함보다 종교의 생존이 우선시되기 때문에 비록 폭력의 행사가 교리상으로는 위배되어도 정치적으로는 당연시되는 현실적 방어기제가 발동하는 것이다.

집단적으로 분출되는 물리력 행사와 폭력은 그만큼 인도인의 개인적·사회적 불만이 누적되고 있음을 보여 주는 한 단면이다. 더 이상 농촌에 기반을 둔 사회규범이 작동하지 않는 상황에서 빠르게 진행되는 도시화는 수많은 이주 농민들이 도시에서 사회적 차별과 양극화에 따른 불평등을 겪게 하며, 이러한 경험이 심화되면 집단 폭력이 일어날 가능성이 커진다. 일자리가 없고 혈기 넘치는 젊은 청소년의 경우 종교나 카스트제도, 여타 사회적 기제에 구속받지 않는 성향이 강한데, 단순히 형법이나 경찰력만으로는 이들이 사회에 가지는 강한 불만을 통제하기에는 역부족이다.

앞으로 인도 사회가 보다 선진적으로 발전하고 경제성장을 지속하기 위해서는 이러한 사회적 불만을 없애는 것이 중요하다. 이를 위해서는 끊임없는 소통과 상대 집단에 대한 깊은 수준의 이해가 요구된다. 이 처방은 한국에서 강조되는 소통의 중요성과 큰 차이가 없다. 즉 투명성과 예측 가능성이 확보된다면 상대방에 대한 오해가 불식되고 즉흥적인 무력 충돌이 발생할 가능성이 감소한다. 이러한 과정을 통해 현대 인도의 13억 명 인구가 평화롭게 공존할 수 있는 새로운 규범 체계를 확립해 나가야 할 것이다.

모디의 특별함

수천 년에 걸쳐 수많은 외침과 외래 민족의 지배 속에서도 고유문화를 보존한 것은 인도의 큰 자랑거리다. 외래 세력이 침투해도 워낙 인구가 많고 문화 자체의 포용성이 크다 보니 시간이 지나면 외래문화도 자연스럽게 인도 문화의 일부분으로 체화되곤 한다. 이렇듯 외래문화를 자국 문화로 소화하는 사례는 중국에서도 찾아볼 수 있지만, 중국의 경우 지배를 받았던 북방 이민족들에 비해 월등하게 우월한 문화를 지니고 있었기 때문에 그들의 문화를 자신들의 문화권으로 흡수하는 것이 어렵지 않았다. 하지만 인도가 대적한 문화는 당대 세계 최고의 선진 문명이었던 이슬람 문화와 19세기 팍스 브리태니카(Pax Britannica)로 불리면서 유럽의 최정점을 자랑하던 영국 문화였는데, 이들에 의해 수백 년 넘게 지배를 받았음에도 자신의 문화를 고스란히 보존하고 있는 인도를 중국과 동일선상에 놓고 비교하는 것은 무리가 따른다.

문화가 온전히 보존되어 있다는 것은, 이에 수반되는 사회적 관습과 지배 구조 또한 상당 부분 존속하고 있음을 의미한다. 인도처럼 카스트제도로 대변되는 계급 문화를 중심으로 촘촘하게 짜인 사회 체계하에서 지배 계층은 대대로 물려 내려오는 가문과 권위에서 나오는 지위와 권력, 그리고 이에 걸맞은 부를 축적했고, 독립 이후에도 그 유산을 상당 부분 보존했다. 현대에 들어서 상위 계급으로 인정받는 기준이 직업이나 소득으로 변모했다는 점에서 옛날과 차이가 있다. 그래도 여전히 카스트, 가문, 출신 성분, 출신 지역의 전통적 기준은 인도 사회에서 개인이 어느 지위에서 어떤 대우를 받아야 하는지를 태생적으로 결정지을 정도로 큰 부분을 차지한다.

이러한 상황 속에서 2014년도 총선을 통해 새롭게 총리로 선출된 나렌드라 모디(Narendra Modi)는 보수적인 인도의 정치 환경에 큰 변화의 물결을 상징하는 인물이다. 지금까지 인도를 좌지우지해 왔던 인물들은 모두 상류층 신분으로 좋은 배경과 외국 유학 경험, 그리고 상당한 부를 축적한 인물들이었다. 마하트마 간디, 자와할랄 네루, 인디라 간디, 라지브 간디(Rajiv Gandhi)는 물론이고, 최근 10여 년간 총리직에 있었던 만모한 싱(Manmohan Singh) 또한 상류층 신분이었다. 물론 이들의 인도에 대한 애국심과 나라 발전을 향한 열정이 다른 계층의 정치인들에 비해 뒤처진다고 할 수는 없다. 오히려 노블레스 오블리주를 준수하는 등 인도의 부강함을 위해 노력해 왔고 실제로 남다른 업적을 남긴 것도 사실이다. 하지만 이들이 인도의 밑바닥 생활과 정서를 진정으로 이해하기에는 그들의 삶이 선택받은 자들의 것이었다는 점에서 한계가 있다.

민주주의에서 구시대의 폐습이라 볼 수 있는 계급적·특권적 지도층 세력의 약화는 당연한 현상이지만 인도 특유의 민주주의 체제하에서 반드시 그러한 것은 아니다. 인도 총선에서는 수억 명에 달하는 빈곤층이 선거의 핵으로 떠오른다. 이들의 투표 향방이 인도의 정치 지평을 결정짓기 때문이다. 빈곤층의 표심을 잡는 가장 쉬운 방법이 현금이나 현물 배포다 보니 선거운동은 혼탁한 양상을 띨 수밖에 없고, 소위 '퍼주기식' 공약의 범람과 아울러 표의 매집 현상이 공공연하게 일어나는 것도 인도라는 거대 민주주의 사회가 가진 어쩔 수 없는 한계라고 볼 수 있다. 이렇듯 본연의 민주주의 선거와 다른 양상을 보이는 인도의 선거판에서 기득권 및 특권층이 5선이나 6선을 달성하는 일은 전혀 어렵지 않고, 자신의 선거구를 아들이나 딸에게 물려주는 세대 물림도 흔한 일이다. 인도가 독립하고 민주주의가 자리 잡기 이전 지배 계층인 마하라자(Mahārāja)가 선조의 혈통과 전통적 관습에 의지하여 지배 계층의 지위를 유지했다면, 이제는 민주주의라는 기제를 빌려 선거를 통해 선출되었다는 민주적 정당성마저 갖춘 확고한 현대판 마하라자로서 자리 잡은 것이다.

그러나 나렌드라 모디는 정규 교육과정도 제대로 받지 못하고, 기차역 주변에서 아버지를 도와 밀크티의 일종인 차이를 팔면서 하루하루를 살던 하층 카스트 출신이다. 그런 인물이 인도 정치의 최정점인 총리직을 거머쥔 것은 대단한 이변으로 통한다. 모디는 일찍이 정치에 관심을 두고 극우 힌두 정통주의 단체인 RSS 청소년부에 가입하여, 한 단계 한 단계 정치적 입지를 넓혀 갔다. 정치적 멘토가 없는 모디는 오로지 자신의 정치적 역량과 특유의 친화력을 바탕으로 대중들을 사로잡았다. 이런 모디의 대중적 인지도와 인기는 그의 정치적 자질을 무시하고 RSS 내 배경이 좋은 다른 경쟁자를 우대하기에는 손실이 너무 크다는 판단을 할 정도였다. 급부상한 모디의 위상은 인도 중앙정치계 핵심 야당인 인도인민당(BJP)의 가입으로 이어졌고, 급기야 2002년에는 간디의 고향인 구자라트 주의 주총리로 선출되는 데 결정적인 요인으로 작용하였다.

특히 하층민 출신이라는 점을 대중에게 적극적으로 알리는 데서 모디의 탁월한 정치적 감각을 읽을 수 있다. 다른 정치인들이 좋은 배경, 가문과 권위를 지녔다면, 모디에게는 일반 국민과 희로애락을 같이 했으며 오히려 일반 국민보다도 더 궁핍한 생활을 겪었다는 공감대가 있었다. 어려운 환경에 있는 모든 인도 국민을 위해 헌신하겠다는 신념을 내세우면서 모디는 인도 국민의 지지를 얻었다. 이 과정에서 모디는 영어는 일절 사용하지 않고 오로지 힌디어로 인도인들과 소통하였으며, 미국의 대표적인 연설가인 오바마 전 대통령에 버금가는 연설 능력과 유세 능력, 대중적 친화력을 앞세워 인도인들의 지지를 확보했다. 순결을 존중하는 인도 국민에게 호소하기 위해 결혼을 하지 않고 주변에 친인척을 두지 않는 모디의 청빈한 모습은 정실 인사와 부패로 얼룩져 있는 여타 인도 정치인과 확연하게 차별된다.

인도 정치사에서 하층민 출신의 정치인이 두각을 나타낸 경우는 독립 이전에도 존재했었다. 그러나 모디처럼 독보적인 아이콘으로 전국적인 지지를 이끌어 낸 경우는 없었다. 주 정부 차원에서 그 지역을 대표하는 강자로 배출할 수는 있지만, 아무런 정치적 기반이 없는 인물을 전국구 후보로 만드는 데는 한계가 있기 때문이다. 같은 이유로 국민회의당은 건국의 아버지인 간디와 네루의 위상에 기대어 반세기 가까이 인도 정치의 주도권을 잡았다. 그렇기에 모디의 부상은 인도 정치사에서 시사하는 의미가 매우 크다. 근 수천 년간 이어져 내려온 엘리트 상류층, 즉 상위 카스트에 의한 정치 지배 구조에 근본적인 변혁이 가해짐과 동시에 서구식 평등주의와 대중 중심의 민주주의가 본격적으로 정착하기 시작된 것으로 분석할 수 있다. 이는 모디 본인의 정치적 역량이 탁월한 점도 있지만, 인도 사회가 대중적인 지도자를 갈구하기 시작했고, 모디가 이러한 시대적 요구에 능동적으로 대응한 첫 전국구 정치인이라는 점이 주효했다. SNS를 통해 수백만 명의 팔로 워들과 소통하는 모습과 민생 중심 경제정책의 표방은 지금까지 구태의연 했던 인도 정치에서는 획기적인 공약으로 비쳤고 수억 명에 달하는 20~30 대 젊은 유권자들로부터 열광적인 호응을 이끌어 냈다.

2014년 5월, 모디의 총리 당선에 많은 인도 국민이 열광한 것은 민주주의 기제를 통해 일반 국민이 유대감을 느낄 수 있는 평범한 신분의 지도자가 선출되었다는 데 있다. 그리고 일반 국민이 겪는 삶의 애환이나 어려움을 잘 이해하는 모디에게 이전 위정자들의 소위 '아랫것들에게 베푼다'는 선심 성 경제정책이 아닌, 국민들의 삶을 개선하고 실질적인 혜택을 베풀어 주는 리더십을 바라는 것이다. 분명 모디는 일반 국민과의 소통을 통해 유대감을 형성하고, 구자라트 주의 주총리 시절에 보여 준 발군의 경제성장 성과를 토대로, 거대 인도를 이끄는 최고 지도자가 되었다. 80%를 훌쩍 넘는 지지 율로 네루 이후 가장 사랑받는 지도자로 각광받는 이 지도자가 국민의 열망 을 실현해 가는 모습은 인도는 물론 국제사회에서도 큰 귀감이 될 것이다.

나렌드라 모디가 구자라트 주의 주총리로 재임하던 시절 구자라트 주의 주요 도시를 잇는 고속도로를 건설하였다. 이 정도로 잘 닦은 고속도로는 인도 내에서 보기 드 물며, 모디 하면 '인프라 주총리'로 통할 정 도로 모디의 유명세에 많은 기여를 했다. 이러한 성과를 바탕으로 모디는 일약 전국 구 스타 정치인으로 거듭나 총리직에 선출 될 수 있었다.

인디라 간디와 민주주의

    인디라 간디는 '간디'라는 성 때문에 마하트마 간디와 관련이 있을 것으로 생각되지만 자와할랄 네루 총리의 친딸로서 페로즈 간디(Feroze Gandhi)와 결혼한 다음 남편의 성을 따르는 인도 관례에 따라 성이 '네루'에서 '간디'로 바뀐 경우다. 페로즈 간디는 마하트마 간디와는 아무런 인척 관계가 없는 사람으로, 단지 '간디'라는 이름만 같았다. 그렇지만 자와할랄 네루의 직계 자식이자 마하트마 간디를 상기시키는 '간디'라는 이름을 가진 인디라 간디는, 인도에서 성인(聖人)으로 숭배받는 마하트마 간디의 계보를 잇는 인물로 대중에게 인식되었고, 이로 인해 인도 정치계에서 그녀를 매력적인 존재로 여기게 된 것은 당연한 일이었다.

    1960년대 미국과 소련 그 어느 편도 들지 않고, 제3의 비동맹 노선을 주도하면서 신흥 인도를 이끌던 자와할랄 네루 총리가 사망한 후 그의 딸인 인디라 간디가 총리직을 이어받게 될 것이라고 예상한 사람은 아무도 없었다. 민주주의 이념을 숭상했던 네루의 입장에서는 딸이 본인 사후에 여왕처럼 인도를 지배하면서 실질적인 네루 왕가가 만들어지는 것을 제일 먼저 거부하고, 가장 가슴 아파했을 것이다. 세계 최대 민주주의 국가의 지도자 계보가 2세로 이어지고, 인디라 간디의 사망 이후 그녀의 아들인 라지브 간디로, 라지브 간디 사망 이후 또다시 소냐 간디(Sonia Gandhi)로 계승되어 온 인도의 정치사를 통해 인도에서 간디와 네루의 정당인 국민회의당이 누리는 위상이 얼마나 큰지를 알 수 있다.

인디라 간디는 다른 국가의 정치인 2세와는 다른 면을 보인다. 필리핀이나 파키스탄에서 아버지의 후광을 입고 지도자의 반열에 오른 여성 지도자의 경우 대부분 자신의 선친에는 훨씬 못 미치는 정치적 역량을 보였다. 그러나 인디라 간디는 비록 네루가 선보인 세계 지도자급의 원대한 구상과 국가운영 철학에는 미치지 못했지만, 그와는 전혀 다른 타입의 냉정한 마키아벨리형 정치인으로서의 수완을 과시하면서 20여 년간 인도를 이끌었다.

인디라 간디는 1966년 총리로 부임한 이후 건국 핵심 세력인 국민회의당의 원로들을 하나씩 축출하면서 자신의 심복들을 국민회의당 및 내각 요직에 임명하는 한편, 국민회의당은 물론 국정 운영에서도 1인 독재 체제를 구축해 나갔다. 네루 총리 밑에서 당연시되던 여러 이해관계자 간 의견 수렴과 중앙정부와 지방정부 간의 화합은 자취를 감추고, 인디라 간디에 의한 1인 독주 체제가 공고화되었다. 이러한 반민주주의적 경향에 항거해 인도 내 수많은 반대 세력이 규합하는데, 인디라 간디는 타협은커녕 강경한 긴급조치를 발동하고 반대파의 정치 활동 제한과 언론 검열과 같은 억압 조치를 취하면서 인도 정국은 급속히 냉각되었고, 이는 민주주의의 급격한 퇴보로 이어졌다.

인디라 간디가 보인 정권에 대한 집착과 독재적 성향에 대해서는 많은 연구가 있다. 민주주의를 숭상했던 네루 총리의 친딸로서, 네루 밑에서 실질적인 비서실장으로 정치 수업을 받고 마하트마 간디와도 안면이 있는 인디라 간디가 궁극적으로 영국 식민 통치의 총독을 연상시키는 독재자로 군림한 것은 여전히 아이러니한 부분이다. 이를 이해하기 위해선 인디라 간디의 개인적 성향보다는 독재 성향의 인디라 간디가 장기간 총리직을 유지하도록 짜인 당시 인도의 정치 상황을 파악하는 것이 더 중요하다.

먼저 '간디'라는 이름이 인도에서 갖는 절대적 위상과 권위를 거론해야 한다. 1960년대는 인터넷처럼 정보가 빠르게 전파되는 매체가 없던 시절이다. 더욱이 문맹률이 70%에 달하고, 절대다수 인구가 농민이던 시기에 인디라 간디가 마하트마 간디와는 아무 관계가 없다는 걸 아는 사람은 많지 않았다. 인도 건국의 아버지이며 전 세계 독립운동의 상징과도 같은 '간디'와 같은 이름을 가진 인디라 간디에 대한 맹목적인 숭배와 지지는 인디라 간디가 실정을 거듭하고 긴급조치 발동과 같은 극단적인 비민주적 수단을 취하는 데도 대다수 국민이 이를 묵인하는 배경으로 작용했다.

1947년 독립 당시, 자칫 20여 개 소국으로 분열될 수 있었던 상황을 네루와 몇몇 통합주의자의 노력으로 겨우 방지했던 아찔한 순간을 겪었을 정도로 국가 통합이 시급했다. 국가 건설이 20년도 채 진행되지 못한 시점에 네루 수상이 사망한 다음, 당시 8억 명에 달하는 대국을 하나로 묶을 수 있던 사람은 사실상 인디라 간디가 유일했다고 봐도 과언이 아니다. 티격태격 정쟁만 일삼는 일반 정치인만으로 인도의 통합을 유지하는 것은 요원했다. 결국 네루 수상의 친딸이라는 정치적 정당성은 물론이고, '간디'라는 이름을 지닌 인디라 간디가 등장한 후에 국정이 비로소 진정되었다. 1984년 암살당하기까지 인디라 간디가 무려 20년 동안 인도 대표 정치인으로 건재했다는 사실은 다른 정치인들이 인디라 간디를 지지하지 않을 경우 발생할 정치 분열과 혼란 대신 인디라 간디의 독재를 감수하는 편이 낫다고 판단한 것으로 보인다.

인디라 간디의 공과는 여러 각도에서 살펴볼 수 있지만, 과도한 권력의 집중과 이에 따른 민주주의의 퇴조, 그리고 더 나아가 권력 집중의 부산물인 부정부패로 인한 인도 사회와 경제의 부실화는 짚고 넘어가야 한다. 이미 영국 식민 통치 시대부터 시작된 관료재와 정치 부패는 인디라 간디에게 권력이 집중되면서 더욱 만연화되고 심화되었다. 이는 인디라 간디가 사망한 이후 현재까지도 인도 사회와 경제의 발전을 막는 레거시(legacy)로 남았다. 민주주의의 필수조건인 '균형과 견제'가 소멸된 상황에서 정부 차원의 규제 권한과 인허가권이 소수의 권력자에게 집중되다 보니, 뇌물수수와 뒷돈 거래가 발생하게 된 것이다. 1990년대로 들어서서 인도 사회 전반에 규제 완화와 민영화가 이뤄지면서 엄청난 규모의 리베이트 문화가 만연하는데, 그 뿌리가 인디라 간디 시대로 거슬러 올라간다는 데서 인도의 경제 및 사회 발전에 인디라 간디가 부정적 영향을 끼쳤음을 알 수 있다.

1984년 시크교 과격분자들이 인도 북부 암리차르(Amritsar)에 위치한 시크교 성지인 골든템플(Golden Temple)에서 장기 농성에 들어가자 인디라 간디는 유혈 진압을 지시하는 블루스타(Bluestar) 작전을 단행한다. 인도 정규군이 골든템플에 무장 난입하는 과정에서 약 400명의 시크교도들이 목숨을 잃었다. 골든템플은 암리차르의 대표적인 건축물로 금빛의 화려한 외형으로 관광객들의 필수 코스이다. 매일 종교 및 성별과 무관하게 모든 이들에게 무료로 음식을 제공하는데서 시크교 특유의 박애와 평등정신을 엿볼 수 있다.

21세기 외교의 다크호스

지금은 옛이야기가 되었지만, 한때 인도는 국제사회에서 미국과 소련 사이 제3의 비동맹 세력의 맹주로서 무시할 수 없는 강자였다. 1947년 인도의 독립 이후 동쪽으로는 동남아, 서쪽으로는 아프리카와 중동 국가들이 뒤이어 독립을 쟁취했는데 인도는 이들을 아우르는 형님뻘 국가로 부상했다. 그 배경에는 인도의 독립이 시기상 가장 빨랐다는 것과 독립운동의 사상적 대부인 마하트마 간디라는 존재, 그리고 서구 지도자 못지않은 카리스마를 가진 인도의 초대 총리 자와할랄 네루가 있었다. 이런 인도를 주변 신흥 독립국들은 자연스럽게 지도자국가로 받아들였다. 당시 인도는 미국과 소련으로 나뉘던 냉전 체제에서 어느 진영에도 속하지 않는 비동맹 노선을 취하며 70여 개에 달하는 신흥국가들의 지도자로 인정받았다. 4억 명의 인구 대국인 인도에 미국과 소련, 그 어느 쪽도 쉽사리 대적할 수 없었고 인도가 다른 진영에 포섭되지 않도록 막는 것만으로 만족했다.

냉전 체제 속에서 비동맹 노선을 견지하던 인도는 1990년대 들어서 소련이 몰락하자, 재빠른 행보를 보인다. 인도가 비교적 정책 집행이 느리고 오랜 기간 심사숙고하는 경향이 있지만, 1990년대 초 냉전의 종식 시기에 취한 정책적 변신은 인도가 기민한 외교 강국으로서의 면모도 지니고 있음을 보여 준다. 1992년 인도는 기존 비동맹 노선을 사실상 철회하고, 자유시장주의에 기반을 둔 개혁개방 정책을 들고나오면서 사실상 미국 주도의 국제 정치 및 경제체제를 받아들인다. 영국으로부터 습득한 실용외교를 잘 보여 주는 변신이었다. 이후 인도는 시장 개방 및 해외투자 유치를 통한 급격한 경제성장을 일궈 내면서 다극화 시대를 이끄는 선두주자로 도약한다. 현재 13억 명의 인구 보유국이자 세계 10대 경제 대국인 인도는 더 이상 냉전 시대처럼 캐스팅 보트나 던지는 비동맹 노선 국가가 아닌, 자신만의 역량으로 세계 강국으로 거듭나려 노력하고 있다.

인도가 현대 외교에서 자신만의 목소리를 낼 수 있는 것은 인구수와 경제력에 기인한 바가 크다. 중국에 버금가는 인구와 거대 시장을 가진 인도로서는 사실상 세계경제와의 교류 없이 자국 경제만으로도 국가 운영이 가능하다. 실제로 GDP에서 무역이 차지하는 비중이 겨우 10%대에 불과하고, 대부분의 식량도 자급자족하는 농업 중심국이기 때문에 무역상 외국의 의존도가 그리 높지 않다. 하지만 원유나 가스 등 기하급수적으로 수요가 증가하고 있는 에너지 자원의 경우 외부 의존도가 90%를 상회하고 있어 약점으로 작용할 수 있다.

현재 인도의 인구수는 13억 명으로 전 세계 인구수의 7분의 1을 차지하는데, 이는 인도가 세계 무대에서 강한 발언권을 가지는 주된 이유다. 수많은 국제회의와 글로벌 협의체에서 아무리 미국이 새로운 정책과 논리를 주창해도, 인구 대국인 인도가 반대를 하면 미국으로서도 쉽사리 정책을 관철하기 어렵다. 물론 세계 정책이 인구수 지분에 따라 결정되지는 않는다. 하지만 미국과 뜻을 같이하는 유럽 국가들의 인구를 다 합쳐도 5억 명 정도에 불과한지라 인구수를 기준으로 대주주와 다름없는 인도의 발언에는 자연스럽게 무게감이 실릴 수밖에 없다. 예를 들어 세계무역기구에서 규제하는 농업보조금에 대해 '세계 인구 7분의 1이 굶주릴 수 있다'라는 논리로 여타 국가가 내세운 정교한 국제통상 논리를 무력화시킬 수 있고, 원자로 건설에 대한 국제 규제에 대해 '원자력 없이는 세계 인구 7분의 1에게 필요한 전기를 생산하지 못한다'는 논리로 인도만을 위한 특례에 반대하지 못하게 만든다.

인도 외교의 가장 흥미로운 부분은 국방력과 정보력에 있다. 인도는 100만 대군과 함께 세계 5위권의 강력한 군사력을 보유하고 있다. 그러나 강력한 군사력에 비해 국가 안보에 대한 위협은 크지 않다. 인도 남쪽으로는 스리랑카와 몰디브와 같은 소국만 있을 뿐 동쪽, 남쪽, 서쪽은 모두 인도양에 둘러싸여 있다 보니 이들 세 방향으로부터의 안보 위협은 사실상 없다고 할 수 있다. 동북부에는 미얀마와 방글라데시가 있긴 하지만 방글라데시는 원래 인도에서 분리된 국가로서 1971년 파키스탄으로부터 독립했을 당시 인도의 도움을 받은 우방국이고, 미얀마 역시 영국 식민지 시대부터 잦은 교류를 통해 우호적인 관계를 유지하고 있는 국가다. 북쪽으로는 히말라야산맥이 가로막고 있기 때문에 외부 세력의 침입으로 인한 안보 위협은 제한적이다. 유일한 위협은 중국과 파키스탄 정도인데, 파키스탄과의 대립은 카슈미르 지역을 중심으로 하는 국지적인 위협에 그치는 수준이다. 그리고 중국과의 군사 대립은 워낙 거대한 국가 간 분쟁이다 보니, 오히려 분쟁이 일정수준 이상으로 번질 수 없다는 내재적 제한이 있다. 이렇듯 제한적인 안보위협과 더불어 팽창주의 노선을 취하지 않는 인도의 국가체제는 국방력에 대한 관심과 역량을 일정 수준으로 유지해도 무방할 정도다. 하지만 최근들어 파키스탄의 핵무장이나 미국에 버금가는 슈퍼파워로 급부상한 중국의 증강된 해군력에 대응하여 국방력 강화가 진행되는 중이다.

인도의 주요 안보 자산으로는 국방력 외에 정보력을 꼽을 수 있다. 인도의 정보력은 인도를 제1 동심원으로, 제2 동심원을 방글라데시, 네팔, 부탄, 파키스탄, 몰디브, 스리랑카와 같은 인접국으로 삼고, 제3 동심원에 말레이시아, 태국, 미얀마와 같은 동남아시아 국가와 아프가니스탄, 이란, 카타르, 오만, 사우디와 같은 중동 국가, 인도양의 도서 국가인 모리셔스, 세이셸, 마다가스카르 및 동아프리카의 소말리아, 케냐, 탄자니아, 우간다 등이 포함된다. 정보력은 각국에 진출해 있는 인도의 상인들한테서 나오는데 마치 중국 화교 네트워크처럼 인도인들끼리 정치 및 경제 분야 정보를 공유하면서 이권을 장악하고, 친인척 관계를 통해 본국과 밀접한 유대 관계를 유지한다.

얼핏 가난한 나라로 취급하기 쉬운 인도지만 국제사회에서 인도가 차지하는 비중은 상당하다. 남아시아의 맹주로서 막강한 군사력과 정보력을 확보하고 있으며, 세계 7대 경제력과 13억 인구 대국인 인도는 미국, 중국, 러

현재 인도 외교부 본관은 1920년대 영국이 당시 인도 식민지 수도였던 캘커타(Calcutta)에서 델리로 천도하는 과정에서 건립한 총독부 건물의 남관(南館)이다. 이 건물은 20m 높이의 인공 언덕 위에 세워져 건물 자체의 웅장함과 더불어 제국의 위상을 한껏 높이고자 식민지 인도를 위에서 아래로 굽어보도록 설계되었다. 현재는 국제사회에서 부상하는 인도를 잘 대변해 주는 건물로 느껴진다.

시아 등 그 어떤 국가라 하더라도 한 수 접고 들어가게 만드는 힘을 갖추고 있다. 인도를 자기편으로 끌어안지 못하면 팽팽한 국제사회에서의 세력균형이 무너질 가능성이 있기 때문에 세계 강국들은 너도나도 인도에 구애를 하고 있으며 UN, WTO, G20과 같은 국제기구에서 인도의 발언을 귀담아 들을 수밖에 없는 상황이다. 그렇기에 한국도 인도와 좋은 관계를 계속 유지해 나가야 할 필요가 있다. 더욱이 미국의 패권이 약해지고 중국의 힘이 어느 때보다 강력해지는 현시점에 인도의 위상이 계속 상승할 것임은 당연하기 때문이다.

이슬람교와 힌두교 간 반목의 역사

이슬람 세력이 인도에 본격적으로 진출해서 지배 계층으로 자리 잡기 시작한 것은 12세기 정도다. 이슬람 세력의 최정점으로 평가받는 무굴제국이 영국에 인도의 지배 권좌를 내준 시점을 세포이 항쟁(Sepoy Mutiny)이 끝난 1857년으로 보는데, 결과적으로 보면 이슬람 세력은 인도에서 700여 년간 지배 계층으로 군림한 셈이다. 보통 그 정도의 시간이라면 지배층과 피지배층의 문화가 서로 융화되기 마련이다. 예를 들어 만주족은 200년이 채 지나지 않아 중화 문화권으로 포섭되었고, 지금은 중국에 완전히 동화되었다. 저 먼 옛날 당나라를 세운 선비족도 중화 문화에 흡수되어 역사에서 자취를 감춘 지 오래다.

하지만 인도는 중국과 다르게 700여 년간 이슬람 세력에 의해 지배당했음에도 불구하고 무슬림과 힌두인이 물과 기름처럼 분리되어 공존하고 있다. 이슬람 세력의 경우 인도 문명과 대등한 수준의 문화적 전통과 깊이를 보유하고 있는 데다가 두 문화 간의 이질성이 큼에도 동화되지 못하고 공존을 추구한 데서 나온 타협의 결과물로 볼 수 있다. 마호메트가 창시한 이슬람교는 엄정한 교리 아래 우상을 숭배하지 않고 오직 유일신 알라에 귀의하는 청결한 삶을 강조하는 데 반해, 힌두교는 정립된 교리도 없을뿐더러 10만여 신들 가운데 신도들의 취향에 맞는 신을 선택해서 숭배한다. 이렇듯 우상숭배를 당연히 여긴다는 사실 하나만으로도 힌두교는 이슬람교와 정반대의 관점을 가지고 있음을 알 수 있다. 다시 말해 이슬람교가 고도로 정제된 종교 체제를 갖추고 있는 반면, 힌두교는 비정형성을 중시하고 일정 시각에서는 원시종교처럼 비칠 정도로 단순하다는 특성도 양 종교 간의 이질성을 보여 준다.

이슬람교와 힌두교의 교리 간 차이는 일상생활에서도 그대로 반영된다. 주어진 시간에 메카를 향해 참배해야 하는 이슬람교와 달리 힌두교는 본인이 원하는 신에게 자신이 편한 시간대에 예배하는 자율성을 가진다. 무슬림이 돼지고기를 먹지 않고 육식을 즐기는 반면, 힌두교도는 소고기를 먹지 않고, 가급적 채식주의를 선호하는 것도 차별점이다. 이슬람교는 여성의 사회 활동을 제약하고 외부에 나설 경우 온몸과 얼굴을 가리는 차도르와 같은 복장을 강요하지만, 힌두교는 화려한 의상으로 치장한 여성의 외부활동을 당연시 여긴다.

이러한 두 종교 간의 차별성에도 불구하고 인도인들은 무슬림을 인도 사회의 일부분으로 받아들인다. 또한 이슬람 세력 역시 교리상 만민의 평등을 중시함에도 불구하고 인도라는 특이한 공간에서 카스트제도를 없애는 강공을 쓰지 않고 서로 다름을 인정하는 가운데 공존한다는, 즉 구동존이(求同存異)의 접근 방식으로 힌두교도들을 안배했다는 점이 아이러니하다.

무슬림이 인도의 실질적인 지배자로 군림하면서 피지배층인 힌두교도와 큰 반목 없이 지냈다는 것 자체가 세계사적으로 흔치 않은 일이다. 700여 년의 기간이면 서로 동화되어 구별되지 않을 법도 한데, 이들은 서로 제한적으로 영향을 미쳤으며 큰 충돌 없이 지배층과 피지배층으로 존재해 왔다. 이는 양측이 서로 이질적인 문화와 종교의 공존을 인정해 주는 문화적 특성은 물론이고, 정치적 관점에서 수백만 명에 불과했던 무슬림이 수억 명에 달하는 힌두교도를 다스리기 위해서는 억압보다는 그들의 문화를 존중하면서 지배 계층으로 인정받는 것이 장기적으로 유리하다는 계산도 깔려 있었다.

이러한 무슬림과 힌두교도 간의 균형은 영국의 침략으로 인해 인도가 식민지가 되면서 무너진다. 영국인이 인도의 새로운 지배 계층으로 등장하면서 이전 지배 계층이었던 무슬림은 졸지에 피지배 계층으로 몰락한 것이다. 영국은 이이제이(以夷制夷) 방식으로 이슬람교도를 억압할 때 힌두교도들을 앞장세웠다. 영국의 인도총독부는 이러한 대리전을 통해 효과적으로 무굴 제국의 후예와 무슬림 지배 계층을 몰락시킬 수 있었고, 신진 중간 지배 계층의 충성심을 확보하는 일거양득의 효과를 거뒀다.

이슬람 지배 세력은 영국의 억압 정책으로 상당수가 몰락했으며 그들이 구가했던 부귀공명은 소멸했다. 델리의 으리으리한 저택에서 쫓겨나고, 재산은 몰수당했다. 목숨을 부지한 것만으로도 다행스럽게 여길 정도였다. 수백 년 동안 인도의 귀족 문화를 대변했던 수피즘(Sufism) 계열의 시와 가무는 종적을 감추었으며, 무굴 황궁에서 전승되어 내려오던 궁중 예절 및 이슬람 특유의 화려한 건축 기법과 예술도 계보가 끊어지는 수모를 겪는다. 몇 세대가 지난 후 이슬람교들은 지배 계층으로서의 면모를 완전히 상실하면서 이전에 자신들이 지배했던 힌두교도보다도 못한 존재로 전락한다.

세계사적으로 지배 계층이 다른 외부 세력에 의해 몰락하여 피지배 계층으로 전락하는 경우는 흔하다. 중국의 청나라가 대표적인 예인데, 청나라가 유럽 열강에 의해 몰락하면서 만주족 역시 권력을 상실한다. 청나라가 멸망한 공식 시점인 1911년의 만주족은 피지배 계층인 한족과 구별이 불가능할 정도로 한족에 동화된 상태였고, 이제는 소멸된 민족이 되었다. 이러한 사례에 반해, 현대 인도의 무슬림들은 여전히 힌두교와는 전혀 다른 문화와 생활 방식을 지키며 공존하고 있다.

이슬람교와 힌두교의 반목은 현대 인도사를 점철하는 어두운 단면이다. 1947년 인도와 파키스탄이 분리되는 과정에서 수십만 명의 이슬람교도와 힌두교도가 목숨을 잃었고, 2002년에는 구자라트 주에서 발생한 열차 폭동으로 수백 명에 달하는 이슬람교도가 목숨을 잃는 안타까운 사건도 있었다. 이러한 종교 간 충돌에는 수많은 원인이 있지만 역사적 관점에서 보면 수백 년 동안 지배 계층이었던 이슬람교도가 피지배 계층으로 내려앉고, 영국이 인도에서 철수한 이후에도 다수를 차지하는 힌두교도에 의해 소수민족으로 전락해 버린 상황에 대한 무슬림들의 울분이 도사리고 있다. 비록 인도 독립의 아버지인 마하트마 간디나 자와할랄 네루 같은 지도자가 정교분리주의하에 서구식 민주주의와 함께 소수민족 배려 정책을 펼쳐 전체 인도인을 하나로 결집하는 민족주의를 주창했지만, 실질적으로 모든 권력과 이권은 힌두교도에게 집중되었고, 무슬림의 영향력은 미미한 수준에 그쳤다.

인도 인구의 70% 이상을 농민이 차지하는데, 원래 지배 계층이었던 이슬람교도는 농업이 주된 분야가 아니었기 때문에 수천 년간 지역사회에 뿌리내린 인도 농촌 사회에 발을 붙일 수 없었다. 대부분 이권은 힌두교도가 독차지한 상황에서 농업에도 종사하기 어려웠던 무슬림들은 전통 공예품을 만들거나 단순 기술직 및 소상인으로서의 생활을 영위하는 처지로 전락하고 만다. 또한 될 수 있으면 절대다수를 차지하는 힌두교도와 맞닥뜨리지 않으려 한다. 오늘날 뉴델리 내 수백만 명에 달하는 이슬람교도가 몇몇 지역에 모여 사는 것이 단적인 예다.

이렇듯 직간접적으로 위축되고 억압받는 무슬림 입장에서는 불만이 점차 쌓일 수밖에 없다. 특히 현재 인도의 급속한 경제성장의 혜택에서 소외된 이들의 불만은 더 깊어질 수밖에 없다. 이제는 이전 지배·피지배 계층의 논리에서 오는 불편함보다는 오히려 인구의 15%를 점하는 소수민족으로 경제성장의 과실을 평등하게 나눠야 한다는 분배적 차원의 요구가 더 커지고 있다. 그리고 이를 꺼리는 힌두교도와의 충돌은 이전의 지배·피지배 관계에서 유래된 불편한 공존 관계에서 오는 갈등을 증폭시키며 힌두교와 이슬람교 간의 새로운 반목의 형태로 진화할 것이 우려된다.

식민지 시대의
기억

　우리에게 일제강점기는 유구한 역사 속에 큰 오점으로 남아 있다. 그 어느 시점에도 우리가 다른 민족에 의해 일제강점기처럼 철저하게 짓밟힌 적이 없었기 때문이다. 민족적 자존심과 자긍심은 물론 순식간에 피지배 민족으로 전락하여 반세기 가까운 기간을 지배받은 것은 광복 이후 본격적인 경제성장을 통해 세계적인 수준의 국격을 되찾기 전까지 엄청난 후유증으로 남았고, 오늘날 한일 관계에도 여전히 주요 변수로 작용하고 있다.

　우리와 마찬가지로 식민지로 전락한 경험이 있는 인도 또한 영국이나 이슬람권에 대해 적개심을 가진다고 여기기 쉽다. 하지만 인도인들은 평상시에 식민지 시대를 언급하거나 영국에 대한 반감을 드러내는 경우가 드물다. 대부분 반세기나 지난 과거의 이야기를 들출 필요성을 느끼지 못하고, 식민지 통치를 자행한 사람들은 이미 죽고 사라진 현시점에 선대가 당한 일을 언급해 봐야 별 의미가 없다는 식으로 대꾸한다. 그러다 보니 200년도 넘게 지난 먼 옛날 무굴제국의 인도 통치는 마치 호랑이 담배 피우던 시절의 역사로 취급받으며, 그 인식 또한 흐릿하다.

　이러한 역사관은 인도인의 전반적인 시간관 및 세계관에 대해 많은 것을 시사한다. 우선 인도인은 지금과 같은 거대한 통일인도로서의 국가를 수립한 적이 없다는 점이다. 인도에는 수많은 인종과 민족이 살고 있고, 이들을 한 나라로 아우를 수 있었던 것은 무력을 사용한 이슬람 및 무굴제국, 그리고 교묘한 외교력과 군사력을 활용한 영국과 같은 외세였지 토착 인도인이 아니었다. 반면 우리나라는 5천 년 동안 한민족이라는 강력한 민족적 동질성을 유지했고, 국가의 상실은 곧 민족 정체성의 근원적 훼손으로 받아들여졌다. 하지만 인도에는 통일국가가 존재하지 않았고, 이질적 문화의 외래 왕국들에 의해 통치자가 변하는 역사가 계속됐다. 그럼에도 세계 최대 규모의 인구가 유지되고 민족 고유의 문화도 존속되다 보니 인도가 통째로 이슬람이나 영국에 복속되어도 민족의 정체성 상실 같은 본질적인 민족성 소멸 위기는 애당초 존재하지 않았다. 국가적 일체감은 1920년대에 이르러서 마하트마 간디와 같은 선각자들에 의해 생겨났고, 1947년 독립을 이루고 나서야 비로소 자리 잡혔기 때문에 단군 시대로 거슬러 올라가는 민족적 일체감을 가진 우리와는 큰 차이가 있다.

식민주의자에 대한 반감은 농민을 포함한 하급 계층에 대한 대대적인 착취에서 비롯한다. 인도는 기존 힌두교 지배층인 브라만(Brahman) 계층 및 지주 계층이 농민으로부터 지세를 거두면서 농민 사회 전반의 규율을 유지해왔는데, 이러한 기본적인 인도 농촌 사회의 질서는 무굴제국이나 영국제국이 지배할 때도 변하지 않았다. 농촌 사회의 지배 계층은 중앙정부에 세금만 제때 내면 별도의 간섭을 받지 않았다. 중앙정부로부터 요구받은 세금 부담이 크면 그 추가 부담금만큼 농민에게 전가하면 그만이었다. 중앙정부의 주체는 무굴인이 될 수도 있고, 영국인이 될 수도 있지만, 징수권자의 입장에서는 국고를 채우는 데 있어 지방에서 세금이 제때 납부만 되면 족했다. 조세 개편은 전 인도에 걸쳐 효과적으로 세금이 중앙으로 납부되는 방식으로 이뤄졌지만, 로컬 차원의 징수에 있어 그 방식과 주체는 자율에 맡겨졌다. 이는 인도의 영토가 워낙 넓다 보니 일일이 간섭하는 것이 사실상 불가능한 측면도 있었고, 통일된 체제를 강조하기보다는 각 지역의 실정에 맞는 체제를 인정하는 것이 지배자 입장에서는 현명한 선택이었기 때문이었다.

여기에는 카스트의 유연성도 큰 역할을 했다. 무굴인이나 영국인이 지배를 강화해도, 인도인은 이들을 또 하나의 카스트로 간주하여 최상위층으로 삼았다. 지배 왕조들도 자신들에게 유리한 인도인의 카스트를 구태여 반대하지 않았고, 오히려 최상위 카스트로 인도를 다스렸다. 인도의 복합적이고 유구한 문화 속에서 외래 지배 왕조가 지녔던 가치관, 문화, 풍습 등도 점차 인도 문화에 동화되었다. 이러한 동화 과정이 장기간 진행되면서 지배 왕조의 문화는 본국의 문화와 다른 양상을 띠었다. 평등을 중시하는 이슬람교가 막상 인도에서는 카스트를 일정 부분 인정하는 것이 대표적인 예다. 최상위 카스트로 자리 잡으면서 이민족 지배라는 이원적 구별이 사라지고, '이민족'의 지배가 정당화되었다.

식민지 시대가 종결되고 독립을 쟁취했어도 일반 농민 사회에서 보면 지배 계층이 영국인에서 상위 카스트의 인도인으로 바뀌는 것뿐이지 일상생활에는 큰 변화가 없었다. 어차피 하위 카스트는 상위 카스트로부터 차별 대우를 받아왔고, 농민 계층은 줄곧 세금을 내며 궁핍한 생활을 해 왔다. 이러한 생활은 지배 계층이 영국인이든, 민주주의 선거로 선출된 인도인이든 되풀이되는데, 설사 간디나 네루 같은 지도자가 인도를 다스리더라도 가장 기본적인 사회체제가 변하지 않는 한 하위 계층의 입장에서는 별 차이를 느낄 수 없는 게 당연하다.

인도가 독립한 1947년 이후, 새롭게 구성된 지배 체제와 관료 조직은 기존 영국인 밑에서 행정 및 서무를 맡았던 행정 인력이 책임졌다. 그들은 영국인으로부터 배웠던 업무 방식을 유지하면서, 고압적인 선민의식(選民意識)을 존속시켰다. 결과적으로 영국인이 무시했던 인도 주민들을 위한 각종 편의 행정 및 복지정책의 도입 등 국민 중심 행정은 찾아보기 어려워졌다. 더 나아가 이들의 채용 과정에서도 선민의식이 깔려 있었기 때문에 독립 이후에도 인도 주민이 피부로 느끼는 개혁이나 실생활 개선 등의 행정은 요원했다.

이렇듯 카스트와 수천 년에 걸쳐 내려온 사회체제의 존속으로 인해 영국의 식민지 지배에 대한 인도인들의 반감은 우리가 일본에 가지는 반감에 미치지 못한다. 인도인에게 있어 200년도 채 안 되는 영국의 지배 기간은 자신들의 긴 역사 속에서 수많은 우여곡절 중 하나에 불과하기 때문이다.

인도의
공용어와 영어

델리에서는 힌디어가 보편적으로 쓰인다. 인도의 수도인 델리에서 쓰이는 언어가 힌디어다 보니 인도의 대표 공용어는 힌디어라는 인상을 받게 된다. 더욱이 '인도'의 어원이 '힌두'임에 비춰 보면 이런 생각은 더욱 공고해진다. 그러나 힌디어는 인도 전체 인구 중 40% 정도가 사용할 뿐이고, 지역적으로도 델리, 인도 북부 그리고 중부 지역에서 사용되는 언어일 뿐 여타 지역에는 그 지역 고유 언어가 따로 있다. 인도 동부 지역에는 인도의 시성(詩聖) 라빈드라나드 타고르(Rabindranath Tagore)의 언어인 벵골어, 남부에는 한국어와 유사하다고 잘 알려진 타밀어, 마하트마 간디의 고향인 인도 서부 구자라트 주에는 구자라티어가 쓰인다. 인도 헌법에 명시된 공용어만 총 22개로, 이외에도 수백여 개의 군소 언어들이 인도에서 사용되고 있다.

광활한 국토와 10억 명이 넘는 인구를 보유한 거대 국가에서 여러 개의 언어를 사용하는 것은 자연스러운 현상이다. 그러나 인도와 여느 대국들을 비교했을 때 특이한 점이 있는데 그 어떤 언어도 인도 내에서 절대적 비중을 차지하지 못한다는 사실이다. 힌디어의 사용이 상대적으로 많은 편이지만 전국적으로 사용되기에는 한계가 있고, 지역별로 타지방 언어에 대한 배타성도 높은 편이다. 예를 들어 벵골 주 중심 도시인 콜카타(Kolkata)에서 힌디어를 쓰거나 서부 뭄바이에서 타밀어를 썼을 때 대화가 제대로 이뤄지기 어렵다. 상황이 이렇다 보니 서로 다른 언어를 사용하는 지역인들끼리 원만한 의사소통을 위해 중개 언어로 영어가 사용된다.

만약 한국에서 경상도와 전라도 간에 전혀 다른 언어를 쓴다고 가정할 경우 이 두 지역 도민이 서로 협상할 때 가장 큰 장벽은 바로 언어일 것이다. 경상도와 전라도 언어 중 어느 한쪽의 언어를 사용하지 않고 제3의 언어를 선택할 때, 의사소통상의 효율성은 떨어지겠지만 언어를 둘러싼 자존심은 지킬 수 있어 차선의 방안이 된다. 인도에서는 이렇듯 '자존심을 살리는' 차선의 언어로 영어가 사용된다. 예를 들어 인도 북중부 지역인 펀자브(Punjab) 지역 인도인이 남부의 타밀나두 주에 있는 첸나이(Chennai)를 방문할 경우 서로 영어로 소통한다. 북부 펀자브인은 타밀어를 배우려 하지 않고, 남부 타밀인은 힌디어를 배우려 하지 않기 때문이다.

인도 사회에서 영어는 비단 서로 다른 언어 간 의사소통 수단으로서 국한되지 않는다. 영어 구사 능력은 인도 사회에서 신분의 고하를 나타내는 징표다. 영국의 식민 통치 시대 인도인이 신분 상승을 하기 위해서는 영어 능력이 필수였고, 인도 지식층 사이에서 영어는 단순히 영국인들과의 의사소통 수단을 넘어 선진 문물을 이해하는 도구로서 중요한 의미를 가졌다. 이는 유럽 중세 시대에 고대 그리스나 로마 시대의 지식을 습득하기 위해 라틴어를 배우고, 조선 시대에 성리학을 공부하기 위해 한문에 대한 상당한 식견이 필요했던 것과 같은 맥락이다.

이러한 시각에서 보면 제3의 언어인 영어를 13억 인도인의 의사소통 수단으로 삼는 부분에 숨겨진 함의를 엿볼 수 있다. 그것은 인도 각 지역 주민들이 가지는 각각의 언어에 대한 자부심과 문화적 독립성, 그리고 제3의 언

어를 활용할지언정 다른 지역 언어의 득세는 용인할 수 없다는 민족적 편협
성이다. 이 부분은 중국이 중국공산당에 통일되었던 1949년 당시, 화북어와
광동어 중 어느 언어를 공용어로 할지 논쟁을 벌이다가 국가의 통합이라는
거국적 목표를 위해 화북어를 공용어로 삼기로 한 대목과 대조된다.

현대 인도가 지금의 형태로 인도 본토인들에 의해 하나의 통일국가를 이
룬 것은 역사상 처음이라는 점도 한 가지 요인으로 작용한다. 유럽 대륙이
수많은 국가들로 나뉘어 있는 것과 마찬가지로, 인도 역시 다수의 소국들
이 서로 대치하면서 존립했고, 이들을 통일했던 세력은 언제나 외부 민족들
이었다. 무굴제국에 앞서 인도를 통합한 국가는 없었고, 주로 동부, 남부, 중
서부로 나누어져 세력 다툼을 반복해 왔다. 이렇듯 독립적인 기질과 문화를
오롯이 유지하고 있는 각 지역 인도인들이 타 지역의 언어를 공용어로 인정
하기란 쉽지 않은 일이다.

반면 영어는 좋든 싫든 영국이 인도 전체를 통치하는 데 유용하게 사용
된 언어다. 모든 행정청과 민간인 간 상거래는 물론 과학, 건설, 토목 및 여
타 전문 직종에도 널리 사용되었다. 영국이라는 당시 세계 최고의 선진국에
서 사용하는 언어였기 때문에 당연히 법, 경제, 과학, 교육, 기술 등 다방면
의 최신 지식을 기술하는 언어라는 장점도 있었다. 그뿐만 아니라 영어라는
글로벌 통용어를 자국어로 대치하는 데서 오는 사회적 손실과 비용이 컸다.
또한 본토의 그 어떤 언어도 영어를 대체할 만큼 풍부한 어휘나 표현력, 전
문성을 지니지 못했다는 점도 고려되었다.

현재 영어는 패권국인 미국의 파워로 다시 한번 저력을 발휘하고 있다.
인도는 세계와 대화할 수 있는 가장 강력한 언어 능력을 보유한 상태로, 이

를 통해 인터넷 아웃소싱과 컴퓨터 소프트웨어 분야 등에서 세계적인 경쟁력을 보유하게 되었다. 어쩌면 인도인들은 영어의 위력을 영국 제국주의 치하에서보다 지금 더 강력하게 체감할지 모른다. 그러나 영어를 사용하는 데서 오는 효과는 단순히 경제적 효용성에 그치지 않는다. 언어가 가지는 사회적·문화적 함의를 무시할 수 없고, 언어는 민족성에 연쇄하여 영향을 미치기 때문이다.

이미 여타 지역인들과의 의사소통을 위해 영어가 사용되고 있지만, 지역과 상관없이 병원, 행정관청, 연구소 등 곳곳에서 매우 폭넓게 영어가 쓰이고 있다. 이렇듯 사회, 정치, 경제, 철학, 문학 등 인문 및 사회과학 영역에서 영어가 주도권을 쥐다 보면, 사람들은 자연스럽게 영어를 통해 세상을 바라보고 이해하게 된다. 이에 따라 인도 사회는 영어를 사용하는 계층과 지역 고유어를 사용하는 계층으로 분리될 수밖에 없다.

언어의 사회적 유리가 진행되면서 지금까지 인도가 자랑스럽게 내세우는 모든 문학적·철학적 유산도 자연스럽게 소멸할 가능성도 있다. 타고르로 대변되는 유려한 벵골어, 불경에서 익숙하게 봐 왔던 산스크리트어 등 인도의 대표 언어들이 생명력을 잃을 것이다. 더 이상 지식인들이 해당 언어를 사용하지 않게 되면 일상생활에 국한되기 때문에 실용성은 유지하지만, 이 정도 수준으로는 고급문화를 창출하고 과학을 발전시키는 데는 한계가 있다.

인도에서 영어는 한국과 마찬가지로 성공의 지름길로 통한다. 따라서 인도에서는 유아기 때부터 가정에서 영어를 학습시키고 영어로 예의범절이나 교양, 품위 있는 대화법 등을 가르친다. 힌디어나 그 밖에 지역 언어는 소위 '아랫것'들이나 구사하는 저급한 언어로 취급한다. 얼핏 우리의 눈에서는 "아무리 영어가 중요해도 그렇지, 자국어를 어떻게 박하게 대하지?"하는 의문이 생길 수도 있지만, 인도인의 입장에서는 영어가 인도에 뿌리내린 지 200여 년이 넘었기 때문에 인도라는 거대한 문화 용광로 속에 용해된 자기 언어로 취급하는 것이 당연할지도 모른다.

인도의 소

인도에서 소는 신성한 존재다. 절대 먹지 않고, 죽이지 않는다. 길거리를 활보하고 다녀도 내버려 둔다. 소를 신성시하는 이유를 사회학적 관점에서 따져 보면 예로부터 소가 농업에 필수 불가결한 존재였기 때문에 소를 죽이지 못하도록 종교적 교리로 못 박아 놓았다는 설이 일반적이다. 즉 힌두교 교리상 소가 수많은 신의 환생으로 등장하는데, 윤회설에 따르면 사람이 전생에서 덕을 많이 쌓으면 후생에서 소로 태어날 수 있어서 절대 죽여서는 안 된다는 논리다.

그러나 소를 신성시하는 데는 사회학이나 경제학적 설명 이외에도 감정상의 이유도 존재한다고 본다. 우리나라에서 소를 사람과 친숙하고 선한 영물로 인식하듯 인도 또한 비슷한 감성으로 소를 대한다. 소는 커다란 눈망울에 폭력과는 거리가 먼 평화로운 모습의 초식동물이다. 살육을 기피하고 채식을 선호하는 인도인의 시각에서 보면 가장 해치기 꺼림칙한 동물일 수 있다.

인도인에게 소는 함께 공존하는 동물 중 가장 우대받는다. 개, 말, 돼지, 원숭이, 코끼리 등 많은 동물들을 지방은 물론 대도시의 길거리에서도 쉽게 접할 수 있지만, 그중에서도 소는 사람과 더불어 살기에 가장 편한 동물로 인식된다. 집 앞을 지나는 소에게 인도식 빵인 차파티(chapati)나 과일 및 채소를 주는 것은 전생의 아는 사람이 소로 환생했다고 믿기 때문이며, 도로에서 길을 막고 서 있더라도 스스로 움직일 때까지 잠자코 기다려 주는 것도 소가 사람의 후생이라는 믿음에 기반을 둔 우대 정신이다.

소 중에서는 흰 소를 가장 우대하는데, 특히 암소에 대한 숭배는 상당하다. 농촌 지역에서 암소는 우유와 버터를 주는 숭고한 존재로 인정받는다. 반면 비슷한 친척뻘인 물소는 천대한다. 어쩌면 진흙탕에서 뒹구는 물소의 모습에

존경의 마음을 담기 어렵다는 현실적 인식이 작용했을지도 모른다.

인도 어디를 가도 소를 쉽게 볼 수 있다. 보통 큰 뿔을 자랑하는 수소를 중심으로 한 무리를 지어 다니는데 지역사회의 일원으로 인정받는다. 사진에서 보듯이 길 한가운데 턱 하니 자리를 잡고 흰 소 무리와 검은 소 무리가 일광욕하는 모습이 신기하다. 인도에서 흰 소는 착한 일을 많이 한 사람의 환생이라고 여겨 다른 소보다 더 우대받는다.

뉴델리의 의미

500여 년간 수도로서 그 위상을 자랑한 델리는 18세기에 들어서 무굴제국의 몰락과 함께 쇠락의 길을 걷는다. 그 사이에 동쪽의 불모지에 불과했던 캘커타(Calcutta)가 영국제국의 새로운 중심지로 거듭난다. 영국은 캘커타를 거점으로 갠지스강을 따라 서진을 계속하여 결국 델리 점령에 성공하고, 인도 북서부의 펀자브 지역과 아프가니스탄 지역까지 자신의 세력권 아래 놓으면서 인도 전체를 석권하는 최강자로 군림한다.

영국의 지배 영역이 서쪽의 아프가니스탄에서 동쪽의 버마(미얀마)까지 확대되면서 캘커타는 제국의 중심지로 삼기에는 너무 동쪽에 치우쳤다는 약점을 노출한다. 특히 북쪽으로부터 러시아의 남하가 본격화되면서 군사적 측면에서도 북서쪽 방비가 시급한 상황이었다. 결국 영국제국은 인도 식민지의 수도를 이전하게 되는데 대부분 그러했듯 델리를 선택한다.

영국의 델리 천도는 1931년에 이뤄진다. 이 무렵 델리는 황성 옛터처럼 수많은 전란에 따른 약탈과 파괴, 특히 1857년 세포이 항쟁 시 발생한 델리 시민에 대한 무차별 학살과 파괴로 인해 폐허만 남은 도시로 전락한 상황이었다. 따라서 영국은 무굴제국의 중심지였던 붉은 요새(Red Fort)와 찬드니 초크(Chandni Chowk) 지역을 피해 약간 남쪽 지역에 새롭게 도시를 건설하는데, 이 지역을 뉴델리라고 명명한다. 찬드니 초크와 붉은 요새 지역은 '올드 델리'로 불리게 되었는데, 이는 마치 종로가 중심지였던 서울이 새롭게 강남에 신도시를 건설한 1970~1980년대의 상황과 유사하다.

1920년대 신도시를 건립한 영국은 무굴제국 및 이전 시대의 수많은 건축물을 무너뜨리고 그 위에 새로운 도시를 건설했다. 특히 뉴델리라고 명칭을 지은 곳은 무굴 시대와 그 이전 시대의 델리 술탄조 지배자들의 대규모 묘지가 있던 곳이었지만, 이것들을 모두 파괴하고 그 위에 새로운 도시를 세웠다. 뉴델리의 대표적인 관광지인 로디 가든(Lodhi Gardens)에서 볼 수 있는 몇몇 모스크(mosque)와 돔(dome) 건물은 수천 채에 달했던 건축물들의 파괴 속에 서 살아남은 몇 안 되는 유적이다.

델리 시민들의 휴식처인 로디 가든은 곳곳에 고색창연한 중세 돔형 건물들이 있어 녹음이 우거진 영국식 정원의 정취를 보다 격조 있게 하지만, 사실 이 건물들은 타지마할과 마찬가지로 델리 술탄령 시대 고관대작들의 묘들이다. 로디 가든을 만들 당시 이 지역은 수백여 동의 묘로 뒤덮여 있던 초대형 묘지였다. 1920년 영국 천도 계획하에 이 지역은 공원으로 뒤바뀌고, 이제는 몇몇 묘만 남아 공원을 지키고 있다. 사진에서 오른쪽 묘는 쉬시 굼바드(Sheesh Gumbad)로, '윤기가 흐르는 돔'이라는 뜻을 가졌다. 15세기경에 건축된 것으로 추측되는데, 그 당시 돔 기법이 완성되지 않아 하반부가 반구가 아닌 원통형으로 건축된 점이 주목된다.

저녁 시장 | 아크릴 | 65*50cm | 2016

제2장

새롭게
조명한
인도인의
삶

발리우드와 농촌 문화

할리우드(Hollywood)를 능가한다는 인도의 발리우드(Bollywood)는 봄베이 (Bombay)로 불리던 뭄바이를 중심으로 제작되는 영화 산업체를 통칭하는 단어다. 발리우드에서 탄생하는 영화들은 인도를 넘어 중동 및 아프리카까지 블록버스터급의 폭발적인 인기를 자랑한다. 매해 3천여 편의 영화가 제작되고 인도 전역에 걸쳐 상영되는데 흥행작은 1억 명이 넘는 관객을 동원할 정도라 하니 인도 발리우드 영화 산업이 얼마나 큰 규모인지 짐작할 수 있다.

발리우드 영화의 구도는 권선징악을 기본으로 하며, 대부분 해피엔딩으로 끝을 맺는다. 선한 주인공과 악한 상대역이 등장하고, 둘 사이에는 아름다운 여성이 등장하여 기본적인 갈등 플롯을 구성한다. 기승전결의 구도 속에 선한 주인공은 숱한 역경과 고초를 겪지만, 결국 악당을 물리치고 아름다운 여성 주인공의 사랑을 쟁취하는 결말은 한국의 1960~1970년대 영화들과 크게 다를 바 없다. 흔히 등장하는 소위 클리셰 장면으로, 동산 위 느티나무 한 그루를 가운데 두고 여성 주인공이 '나 잡아 봐'를 외치면서 남자 주인공으로부터 도망치는 장면은 배경만 인도 농촌일 뿐이지, 한국 시골을 배경으로 삼더라도 전혀 위화감이 없는 눈에 익은 설정이다.

인도 영화가 한국 영화와 확연히 차별되는 부분은 화려한 춤과 노래다. 수십 명의 보조 출연자들이 추는 군무가 펼쳐지면 주인공이 나서서 주제곡을 부르고 춤을 춘다. 배경에는 주인공을 돋보이도록 만든 보조 안무와 코러스가 뒤따른다. 보조 출연자들은 주인공의 춤과 노래에 맞춰 일사불란한 군무를 선보이는데, 크고 화려한 동작과 요가 동작을 연상시키는 곡예 수준의 안무는 노래의 흥겨움을 배가한다. 보조 출연자 대부분이 여성으로 구성되어 있는데, 화려한 색상에 적당한 노출이 돋보이는 의상을 통해 관객의 관심을 이끌어 낸다.

발리우드 영화에 등장하는 배우들은 할리우드 배우가 부러워할 수준의 국민적 관심과 파격적인 대우를 받으며 유명세를 자랑한다. 발리우드 영화에서 성공하기 위해서는 수려한 외모는 물론이고 뛰어난 노래와 안무 실력도 갖춰야 하므로 할리우드 배우보다 요구되는 재능이 더 많다고 할 수 있다. 인도를 대표하는 샤룩 칸(Shahrukh Khan)이나 살만 칸(Salman Khan)과 같은 정상급 남자 배우들은 잘생긴 외모와 함께 가수에 버금가는 수준의 가창력과 춤 실력, 그리고 적당한 유머와 코미디 센스까지 겸비하고 있다. 여자 배우의 경우 아름다운 외모에 강한 체력이 요구된다. 이는 인도 영화에서 노래와 춤이 차지하는 비중이 상당 수준인 데다가 안무가 웬만한 에어로빅에 버금갈 만큼 격렬한 동작으로 채워져 있기 때문이다. 톱 여배우로 미인대회 출신인 프리앙카 초프라(Priyanka Chopra)는 운동으로 다져진 체력을 자랑하고, 디피카 파두콘(Deepika Padukone)은 배드민턴 선수 출신이다.

발리우드 영화를 보면 인도 문화의 여러 면면이 드러나는데, 그 형식을 통해 인도 사회가 요구하고 지향하는 가치관을 읽을 수 있다. 더 나아가 인도 영화가 수행하는 사회적 기능도 엿볼 수 있다. 뭄바이를 포함한 인도 각지의 영화 스튜디오에서 매년 3천여 편의 영화가 제작되지만, 대부분 영화는 앞에서 언급한 천편일률적인 플롯과 기승전결 구도를 벗어나지 못하며, 영화의 소재 또한 수십 년 동안 큰 변화가 없다. 한국 영화가 1990년대 문화 개방을 접하며 기존 영화와는 전혀 다른 내용과 주제를 다루기 시작한 것과 전혀 다른 양상인데, 이는 여전한 인기를 누리는 인도 영화를 대변하고, 다수 관객층이 보수적 성향임을 시사하는 대목이다.

발리우드가 인도에서 누리는 위상과 사회적 중요성을 이해하려면, 인도 전역에 고르게 분포하는 영화 상영관의 존재를 눈여겨봐야 한다. 영화관이 제 기능을 하기 위해서는 상영관과 음향 및 영상 시설을 구비해야 하는데, 이에 따른 초기 비용 지출이 크기 때문에 극장 입지는 관객 동원이 용이한 도심이나 인구 밀집 지역에 집중되기 마련이다. 그러나 인도에서는 도심은 물론 농촌의 작은 마을까지 영화관을 쉽게 접할 수 있다. 시골 영화관에서는 보수적인 농촌과는 동떨어져 보이는 현대 액션물들이 크게 인기를 끈다. 글래머 몸매의 여배우와 식스팩 몸매를 선보이는 남배우가 등장하는 액션물임을 한껏 홍보하는 초대형 포스터가 농촌 읍내 곳곳에 붙어 있고, 이러한 영화들을 보러 영화관에 가는 동네 주민들을 보면, 인도 농촌에서조차 발리우드 영화가 얼마나 일상화되어 있고 사랑받는지를 알 수 있다.

발리우드 영화가 인도 사회에서 수행하는 또 하나의 기능은 저렴한 대중용 엔터테인먼트의 기능이다. 인도 사회는 종교가 일상생활 속에 녹아 있다. 힌두교, 이슬람교, 자인교, 시크교 등 여러 종교상 교리는 매일 신에 대한 예배와 일상생활 속에 준수해야 하는 세세한 생활상의 규범 준수를 요구한다. 이렇듯 종교와 일상생활이 일체화되다 보니 인간적인 여흥은 다소 제약되는데, 발리우드 영화는 이러한 욕구불만을 해소하는 기능을 맡는다. 마치 한

더위를 식히는 시원한 탄산음료처럼, 두세 시간짜리 발리우드 영화 관람은 잠깐이나마 일상생활의 단조로움과 어려움을 잊게 한다. 또한 영화 속 주인공이 되어 영화 안에서 펼쳐진 꿈과 로망, 그리고 이와 어우러진 춤과 노래의 세계를 마음껏 즐기도록 한다.

그리고 이러한 부분은 왜 발리우드 영화의 춤과 음악이 소위 '촌스러운지'를 잘 보여 준다. 분명 주인공이 21세기에 걸맞은 복장을 하고 있음에도 노래와 춤은 여전히 1950~1960년대에 유행했음 직한 강렬한 비트의 음악과 막춤 같은 안무를 고집하는데, 한국에서 쉽게 접하는 아이돌 그룹의 최신 유행 음악과 안무와는 상당히 동떨어져 있다. 주요 관객이 인도의 중산층 이하 시민들과 농민들이기 때문에 비록 의상은 현대식일지언정, 이들에게 어필하는 춤과 음악은 글로벌 버전이 아닌 인도의 전통 가무다. 한국으로 치면 최고 인기의 아이돌 그룹이 최신 유행 의상을 입고, 사물놀이를 하거나 봉산탈춤을 추는 것으로 생각하면 쉽다.

발리우드의 스타들 또한 인도 문화의 많은 것을 대변한다. 수많은 백만장자를 배출하는 발리우드의 체제에서 스타들은 사회적 저명인사들이다. 값비싼 외제 브

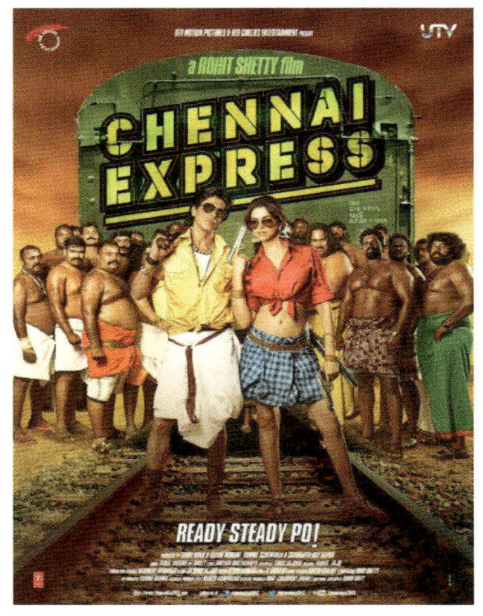

랜드 차를 타고, 발리우드의 프로덕션에 관여하며, 상류층 라이프스타일을 구가한다. 그럼에도 막상 영화를 촬영하면 관객 눈높이에 맞춰 인도 옛 음악과 안무를 보여 주고, 인도 서민층과 농민층의 가치관을 투영하는 스크립트에 충실한 연기를 선보인다. 그럼에도 일반 인도인들에게는 이 발리우드 스타들이 누리는 생활상조차 마치 영화의 연장선에 있는 것처럼 다뤄져 그들의 일거수일투족이 파파라치성 인도 황색언론과 인터넷상에 소비된다. 영화관에서는 보수적인 스크립트 영화를 선호하지만, 현실 세계에 들어서면 당연히 21세기 현실에 걸맞은 스타들의 화려한 생활에 또다시 열광하는 인도 특유의 세계관을 엿볼 수 있는 대목이다.

인도의 대학교

인도인의 지적 능력은 세계적으로 유명하다. 우스갯소리로 미국의 의사와 엔지니어는 모두 인도 출신이라는 말이 있을 정도니 인도인의 총명함은 그만큼 정평이 나 있다. 무한의 개념을 이해하고 고등수학의 근간을 닦은 고대 인도인의 저력은 현대로 넘어와서도 여전해 초등교육 과정에서 구구단이 아닌 십구단을 외우는 단편적 사례를 통해서도 인도인의 우수한 수학 능력은 많은 사람 사이에 널리 회자되곤 한다. 더구나 인도인 특유의 악센트 있는 영어로 꼬치꼬치 따질 때면, 너무 논리 정연하고 빈틈이 없다 보니 인간미가 떨어진다는 말을 들을 정도이다.

13억 명의 인구 중 상위 0.1%에 들려면 얼마나 똑똑해야 할까? 1990년대 당시 서울대학교 법대에 입학하기 위해서는 백만 명 중에서 300명 안에 들어야 했다. 즉 상위 0.03%에 들어가야 하는 셈이다. 인도인 중 대학 진학을 희망하는 학생 수는 대략 천만 명 수준인데, 기계적으로 0.03%를 이 숫자에 적용해도 3천 명이라는 다소 큰 숫자가 도출된다. 인도는 엄청난 수의 수재들이 배출되는 곳이고, 이과 계열에 대한 학구열이 훨씬 높음을 고려하면, 이들이 지니는 지적 능력이나 학업에 대한 열정은 우리나라보다 더하면 더했지 절대 뒤떨어지지 않는다.

전 세계 유수 대학의 석박사 과정 역시 인도 유학생들을 환영한다. 수학 개념에 밝고 영어 실력은 영미권과 동급 수준이며 남다른 학업 열정까지 갖췄으니 대학에서도 이들을 싫어할 리 만무하다. 특히 명문 대학교들은 단순히 우수한 인재를 영입하는 데 그치지 않고, 이들이 졸업 후 학계나 업계에서 우수한 성취를 거둘 수 있도록 도움을 주는데, 이는 이미 입증된 인도인의 탁월한 경쟁력과 서로 밀고 끌어 주는 힌두 인맥에 기인한다. 따라서 실력만 확실하게 검증되면 어느 국가 학생들보다 인도 출신 학생들을 최우선으로 고려한다.

하지만 약간 초점을 달리해서 인도 국내로 시야를 돌리면 같은 현상을 두고 다른 시각이 드러난다. 고등교육을 받은 수많은 인도인의 활동 무대는 대부분 미국이나 유럽과 같은 선진국들이다. 미국 캘리포니아의 실리콘밸리(Silicon Valley)를 주름잡는 컴퓨터의 귀재들, 미국의 존스 홉킨스(Johns Hopkins)와 같은 세계적인 병원에 근무하는 의사들, 굴지의 IT 기업 CEO 등 많은 지식층 인도인들이 선진국에서 활동한다. 물론 인도 국내에서 활약하는 똑똑한 인도인도 있지만, 이들조차 학업을 마친 곳은 미국의 아이비리그나 영국의 명문 대학교 등 국외 학교들이다.

인도에는 많은 명문 학교가 있다. 수도 뉴델리에 소재하는 델리대학교와 네루대학교가 양강 구도를 형성하고, 공과대학으로는 인도공과대학교(IIT)이 유명하다. 특히 IIT의 경우 미국의 메사추세츠공과대학(MIT)와 유사한 학교명에서 짐작할 수 있듯, 인도 내 최고 수준의 공과대학교로 인정받고 있어 바늘구멍으로 낙타가 통과하는 것 같은 극한 경쟁을 뚫고 최고의 인재만이 입학한다. IIT에 탈락한 학생이 어쩔 수 없이 MIT로 유학을 간다고 하니, 그 경쟁률이 얼마나 치열한지 알 수 있다.

현재 인도 전역에 23개의 IIT가 있는데 그중 IIT 봄베이가 설립된 것은 1958년으로 벌써 60년가량이 흘렀다. 전 세계 유수 인도 기술자들 상당수가 IIT 출신이라고 할 정도로, 이 학교의 위상은 대단히 높다. 그럼에도 인도에서 첨단기술 공법이나 기술이 개발되었다는 뉴스나 보고는 매우 드물다. 수준 높은 인재들의 대거 생겨나고 이공 계열의 높은 학구열에도 불구하고 인도에서 첨단기술이나 세계적인 제조품이 개발되지 않는 대목은 쉽게 납득이 가지 않는다.

물론 IIT가 배출한 인재들은 명실공히 세계 최고의 인재들이다. 그러나 IIT는 전 세계 최고 수준의 공과대학교 석박사 과정으로 진학하기 위한 입학 준비소로서의 특징이 강하다. IIT 봄베이는 전 세계 대학 랭킹 548위를 차지하는데(US뉴스 2018년도 기준), 이는 한국의 명문대학교들이 1980년대까지 국내에서만 최고의 위상을 누렸을 뿐, 세계적으로는 알려지지 않았던 부분과 유사하다. 다시 말해 IIT는 인도 고등학생 중 최고의 잠재력을 가진 최우수 공학도를 선발하고, 학부 과정에서 더 크게 성장할 수 있도록 기본적인 소양을 갖추게 하는 데 최고의 역량을 지녔을 뿐 IIT가 자체적으로 (마치 MIT에서 산학협동을 통해 게임 체인저급의 기술을 개발하듯이) 새로운 연구 개발을 주로 하는 부분은 아직 취약하다는 뜻이다.

한국의 대학과 마찬가지로 인도도 컴퓨터공학, 화학공학, 기계공학, 전기전자공학 등 공학 계열에서 우수한 학생들을 배출한다. 그러나 우리가 선진 제조국으로 발돋움하여 미국, 독일, 일본과 같은 기술 최강국과 치열한 경쟁을 하고 있는 반면, 우리와 비슷하거나 오히려 더 많은 인재를 보유한 인도의 제조업 발전이 저조한 것은 매우 흥미롭다. 그 이유가 무엇일까? 우리나라는 국가 체계 속으로 우수한 인재들을 받아들여 전공한 분야에서 개인의 능력을 꽃피울 수 있도록 산업 시스템을 만들었다. 그러나 인도는 금전적 여유나 재정적 뒷받침이 아직 부족하여 인재들이 그들의 역량을 발휘하기 힘든 상황이다.

한국의 대학교들은 연구·개발 역량을 계속 강화하고 있으며, 세계 대학 순위 200위권 안으로 속속 진입하고 있다. 이는 국내에서만 머무는 것이 아닌 세계적 수준의 명문 대학교로 거듭나기 위해 우리 대학들이 노력한 결과이다. 인도도 소득 수준의 향상으로 대학 교육의 질에 대한 요구가 계속 높아짐에 따라 기존의 학업 체계를 답습하는 대신 새로운 경제와 기업 환경에 걸맞은 학업과정을 도입하기 위해 노력하고 있다. 식민지 시대처럼 단순히 기술교육과 기초교육에만 충실할 것이 아니라 영미권 명문 대학교로 고급 인력 유출을 최소화하면서 인재들을 인도 경제성장의 역군으로 키워 내는 일이 인도의 미래를 좌우할 것이다.

IIT 설립이 처음으로 구상된 것은 1946년으로 인도의 독립이 임박한 시점에 시크교 지도자였던 조겐드라 싱(Jogendra Singh)이 주도했다. 그때까지 인도에는 전문적인 고등 기술교육기관이 없었던 시점이었기 때문에 조겐드라 싱은 인도 공학 발전의 선구자로서 인정받는다. IIT는 인도 전국 주요 도시 23곳에 자리 잡고 있는데, 이 중 IIT 델리는 IIT 봄베이와 함께 탑으로 꼽힌다.

인도의
세대 차이

수천 년에 걸쳐 인도는 다양한 외세의 침입과 외래문화의 유입을 경험했다. 그중 기원후 1000년부터 1700년대의 이슬람 세력의 침입과 200여 년간 영국제국의 식민 통치를 거치면서 문화적으로 많이 피폐해졌다. 이미 무굴 제국하에서 힌두교 전통문화는 무굴 지배자들에 의해 많은 박해를 받았고, 당시 세계적인 수준을 자랑했던 이슬람 문화권 아래에서 일정 부분 변질되는 것은 피할 수 없었다. 영국제국은 근대주의 사조와 함께 식민지인 인도를 원자재 공급지와 자국 생산품 소비 시장으로 취급하였는데, 인도는 이 과정에서 극단적인 빈곤을 겪었고 전통문화마저 경제적 피폐 속에서 일부 훼손되었다.

그러나 당대 최고의 문화 세력이었던 이슬람과 서구 문명의 공세를 무릅쓰고 인도 문화는 여전히 그 정수를 보존했다. 힌두교에 기반을 둔 사회적 관습과 규범, 가치관, 예의범절 등은 아무리 무슬림이 포교를 열심히 하고, 영국인들이 서구 자유주의와 평등주의 사조를 설파했음에도 상당 부분 유지되었고, 영국으로부터 독립을 쟁취한 이후에도 그대로 존속되었다.

이렇듯 철통같이 공고한 인도인의 전통문화도 산업화와 자본주의하에서 점차 빈틈을 보이기 시작한다. 1990년대 이후 신자유주의가 전 세계에 퍼지면서 많은 국가들이 급진적인 산업화와 자본주의화 과정을 밟는다. 시장이 자본주의화되고 시장이 개방된다는 것은 단순히 경제체제가 선진화하고 윤택한 삶을 누리는 데서 멈추지 않는다. 경제적 번영이 수반하는 사회체제의 재편성, 개인주의의 득세, 효율성의 우대 등은 국가별로 기존 사회규범과 가치관의 해체를 요구한다. 우리나라의 경우에도 3대 가족이 같이 살던 대가족제도가 해체된 지 오래고, 이제는 4인 가구의 핵가족 형태보다 1인 가구의 수가 급격하게 증가하는 상황이다. 이는 경제체제가 요구하는 효율성에 맞추다 보니 발생하는 현상이다. 1인 가구는 경제적 윤택함과 개인주의에서 오는 자유의 만끽, 가족에 구애받지 않고 사회적 성공 가능성을 극대화한다. 기존 농경사회와 유교사상을 기초로 만들어진 한국 사회가 전통체제에서 벗어나 새로운 가족 형태를 추구하는 추세와 본질적으로 같다.

인도는 예전 우리나라와 같이 3대가 같이 사는 대가족 문화가 보편적이다. 한 지붕 세 가족이라는 표현처럼 인도 중산층의 경우 할아버지와 할머니를 모시는 부모 세대와 자녀 세대가 같이 산다. 하지만 사회체제의 급격한 변혁은 전 지구적 현상으로, 인도도 예외가 될 수 없다. 굴곡진 역사 속에서도 끄떡없던 인도의 가족 구성도 자본주의의 보급으로 인해 해체가 불가피한 상황에 직면해 있다. 가령 델리에서 공부한 아들이 IT 분야의 메카인 벵갈루루(Bengaluru)에서 근무를 하게 되면, 자연스럽게 부모님과 헤어질 수밖에 없다. 그곳에서 근무하면서 뭄바이 출신 여성과 교제하고 결혼하여 자연스럽게 벵갈루루에 정착하게 되면, 델리는 부모님과의 연결고리 외에는 별반 관계가 없는 지역으로 변한다. 즉 농경문화와 카스트를 기반으로 한 인도가 산업화의 과정에서 지금까지 겪지 못한 사회체제 해체라는 도전에 직면한 것이다.

인도의 13억 명의 인구 중 8억 명, 즉 3분의 2가 25세 미만의 젊은 층이라는 점은 인도의 미래가 앞으로 크게 변화할 것을 시사한다. 특히 젊은 층의 사고방식이 기성세대의 사고방식과 상당히 다르다는 데서 그 가능성은 더욱 커진다. 인도의 신세대는 인도가 1990년대 개혁개방을 시작한 전후에 태어난 세대로 영국의 식민지 시대는 물론, 1947년 독립 이후 이어진 40여 년간의 사회주의적 정부 체제를 겪지 않은 세대다. 이들은 6~7%대로 고성장한 인도 경제와 함께 자랐고, 1990년대 중후반부터 인터넷을 통해 바깥 세계를 접한 첫 세대로서 인도 역사상 처음으로 글로벌 문화와 규범을 터득하고 인도 사회의 사회 관습과 규범을 비판적으로 바라본 세대이기도 하다.

인도의 신세대는 인도인 특유의 사고방식과 전통적 규범 체계를 거부하고 글로벌 체제를 인정한다는 데서 우리와 공감대를 가진다. 이들은 자유시장주의를 지지하고, 개인주의적 이해관계의 극대화를 추구하면서 현대 문명의 물질주의적 행복과 문화적 이기에 열광한다. 이 모든 것은 인도가 지난 수천 년에 걸쳐 외부 문명에서 인도의 전통문화를 유지했던 선례에 반하는 현상이다. 신세대가 새로운 인도를 만들어 나가고 있다면, 기성세대는 인도의 전통문화를 지키는 마지막 세대로서, 이들은 서로 전혀 다른 시각으로 인도 사회를 유지하고 발전시켜 가려 한다.

신세대가 카스트를 부정하고, 평등주의적 가치관 아래 자유분방한 개인주의를 추구하고, 물질만능주의를 포용한다면, 기성세대는 카스트제도를 인정하고 가족중심적 단체주의와 영혼 및 종교를 중시한다는 점에서 서로 대척점에 서 있다. 신세대는 글로벌 규범을 잘 이해하고 인터넷 및 수많은 SNS 교류 채널을 통해 세계인과 접하다 보니 여느 세계인과 다를 바 없다.

그러나 기성세대는 인도인 특유의 세계관을 견지하고 고집스러울 정도로 유지한다는 점에서 이들 세대 간의 대립은 인도를 규정하는 종교적, 민족적, 언어적 갈등에 부가하여 또 하나의 갈등 전선으로 대두하고 있다는 점에서 시사하는 바가 크다.

결혼을 위한
카스트 메커니즘

   인도의 결혼 문화를 이해하기 위해서는 먼저 인도의 유구한 역사 속에서 이어져 온 인도만의 독특한 문화유산과 생활 관습이 자연환경과 어떻게 어우러져 발전해 왔는지를 이해해야 한다. 지금은 '인도'라고 불리는 단일국가지만, 독립 이전까지만 해도 영국의 식민 통치하에 여려 제후령들이 자신들만의 고유한 정치, 사회, 문화와 관습을 유지했었고, 영국 식민지 시대 이전으로 거슬러 올라가면 온전한 독립 왕국으로 주변 왕국들과 대립과 공존을 지속해 왔다. 인도 북부 히말라야산맥에서 영향을 받는 대륙형 냉대기후, 중부 데칸고원의 고온건조기후, 서부의 사막기후, 동부 벵골 지역의 동남아형 아열대기후, 남부의 열대기후는 인도가 얼마나 다양한 기후와 상이한 자연환경을 가진 나라인지를 보여 준다. 이러한 환경에서 생활하는 민족들이 현대에 와서는 모두 인도인이라고 통칭되지만, 사실은 각 민족별로 전혀 다른 언어와 문화를 갖고 있다.

   흔히 결혼 문화 안에는 그 민족문화의 정수가 담겨 있다고 한다. 결혼은 단순한 남녀 간의 결합을 넘어 가족 간 연계, 더 나아가 지역사회 간 새로운 연대를 발전시켜 나가는 가장 중추적인 교류 형태다. 결혼의 성사가 수반하는 가족 또는 지역사회 간 상호 인정과 약혼, 그리고 혼례 절차 안에 담겨 있는 사회 관습과 예절은 그 민족의 기본적인 가치관과 문화 수준, 남녀관계, 그리고 결혼이 사회에서 수행하는 기능을 가장 잘 대변한다.

인도 결혼 문화는 카스트와 종교적 배타성, 지역별 특수성 등 세 가지 요소가 복합적으로 작용한다. 카스트는 인도 결혼 문화의 기본인데, 동일 카스트를 배우자로 삼도록 규율한다. 브라만, 크샤트리아(Ksatriya), 바이샤(Vaiśya), 수드라(Sudra)로 알려진 4대 카스트가 가장 기본적인 구분이지만, 실제로는 지역별로 수많은 세부 카스트로 나뉘기 때문에 다양한 양상으로 구현된다. 예를 들어 히말라야산맥에 위치한 히마찰 프라데시(Himachal Pradesh) 주의 탄광 광부 카스트의 서열을 인도 남부 해안에 위치한 케랄라 주의 어부 카스트와 일대일로 비교하는 것은 불가능하다. 왜냐하면 각각의 카스트가 그 해당 지역에서 차지하는 서열, 경제적 중요도 그리고 종교 등의 요인이 서로 다르게 작용하기 때문이다.

카스트와 지역적 특수성이 결부되면서 배우자의 중요한 덕목으로 동일한 카스트에 동일한 지역 출신임을 요구한다. 히말라야산맥 인근 출신 광부 카스트가 자신의 배우자를 찾을 경우 자신과 비슷한 사회적 서열을 지닌 약초 채집 카스트 또는 나무꾼 카스트 출신 여성을 알아본다. 인도 남부 지역 출신 어부 카스트 역시 자신과 동일한 어부 카스트나 이와 유사한 직종의 카스트를 배우자로 찾는다. 제사장 카스트는 마찬가지로 동일한 제사장 카스트를 원하고, 무인(武人) 카스트도 자신과 동일한 무인 카스트 출신의 여성을 배우자로 희망한다.

인도 문화에서 종교가 큰 비중을 차지하고 있지만, 교리와 무관하게 카스트는 사회 관습으로 뿌리 깊게 자리 잡고 있다. 인도의 자생 종교들은 힌두교를 제외하고, 대부분 카스트를 교리상 인정하지 않는다. 그럼에도 시크교, 자이나교, 하물며 알라신 앞에 모두가 평등함을 내세우는 이슬람교마저 묵시적으로 카스트를 인정한다. 이종교 간 결혼을 배제하는 것과 함께 카스트 조건도 함께 만족하여야 결혼이 가능한 점은, 그만큼 종교와 카스트로 엮어진 이중 배타성으로 인해 종교 간, 카스트 간 이질성이 계속 배가되는 구조다.

그러나 현대에 들어서서 카스트, 지역, 종교를 근간으로 하는 결혼 문화는 새로운 변화를 맞이한다. 도시 문화, 자본주의, 비인격성, 개인주의, 서구식 자유주의 등 새로운 사조의 유입은 그동안 정체되어 있던 수천 년간 내려온 관습이 규율하는 사회상을 새롭게 변모시켰다. 개인 간 자유로운 교제를 통한 자유연애가 가능해지면서 인도 사회를 변화시키는 새로운 풍조로 자리 잡기 시작했다. 그렇지만 배타성이 강한 인도 사회에서 개인 간 자유연애는 정해진 틀 내에서 제한적으로 수용되는데 종교, 카스트, 지역, 직종, 민족 등 전통적 조건을 모두 무시한 연애와 결혼은 현대 인도 사회에서도 여전히 받아들여지지 않는다. 다른 종교, 다른 카스트, 다른 지역 출신 남녀가 연애하고 결혼을 감행하는 것은 사실상 죽음을 각오해야 할 만큼 어려운 곳이 인도고, 실제로 이를 감행한 여성이 친오빠에게 살해당한 사건이 최근에도 일어났었다.

결과적으로 오늘날 인도 사회는 여전히 전통적인 방식으로 배우자를 찾는 것이 대부분인데, 신문의 구혼 소개란 등을 이용하거나 인터넷과 SNS를 활용하여 배우자를 찾는 것이 여전히 주요한 결혼 방식으로 존속하고 있다. 예를 들어 라자스탄사막 지역 출신으로 현재는 뉴델리에 사는 중간급 카스트 남성이 동일한 조건의 여성을 찾을 때, 매주 일요일에 실리는 전국 일간

지 구혼 코너에 "라자스탄 주 출신 모 카스트로서 뉴델리에 거주하는 동일 조건의 20대 초반 여성을 찾습니다"라고 게재한다. 그리고 그 구혼란을 본 여성 배우자 후보자로부터 연락을 받고, 결혼이 가능한지 서로 가늠하는 식이다.

자유주의와 자본주의가 새로운 기조로 유입되어 인도 사회에 큰 영향을 미치면서 결혼 문화에도 새로운 양식이 나타나고 있다. 하지만 수천 년에 걸쳐 사회적 근간으로 자리 잡은 종교와 카스트를 통한 인도 사회 특유의 보수성과 배타성은 새로운 흐름마저 인도라는 커다란 문화 용광로 속에 혼합시킬 가능성이 크다. 즉 인도의 결혼 문화는 이전과 유사한 하이브리드 형태로 종교, 카스트, 그리고 그 시대가 요구하는 새로운 계급 분류 수단을 활용한 형태로 발전할 것으로 생각한다.

인도의 전국 일간지인 《타임 오브 인디아 (The Time of India)》의 일요일판 별지로서 구혼란이 빼곡하게 차 있다. 출신 지역. 종교, 카스트 위주로 신부를 찾는 모습이 구인 · 구직란과 비슷하다. 최근에는 인터넷을 통한 결혼 매치 메이킹이 활발하게 이뤄지고 있다.

커리에서 보이는 인도 문화

인도의 대표적인 음식은 두말할 나위 없이 커리(curry)다. 한국에서도 '카레'란 익숙한 이름에 간편하면서 영양을 챙길 수 있는 음식으로 널리 사랑받고 있다. 인도식 정통 커리 맛을 보고 싶으면 인도인이 경영하는 인도 식당을 방문해 다양한 종류의 커리를 즐길 수 있다. 인도인이 거주하는 전 세계 웬만한 대도시에서는 인도 식당을 쉽게 찾을 수 있고, 인도 상인이 많이 활동하는 동아프리카 지역에서는 인도 식당이 최고급 식당으로 인식될 정도인데, 이들 식당에서도 대표적인 요리는 단연 커리다.

재밌는 것은 '커리'라는 말이 막상 인도에서는 통용되는 단어가 아니라는 점이다. 식민 통치 시절 영국인들은 인도인이 밥에 비비거나 빵에 찍어 먹는 소스를 통칭하여 커리로 불렀는데, 이 단어가 세계로 퍼져 나간 것으로 알려져 있다. 그러나 영국인 눈에는 동일해 보였을 '커리'는 사실 인도인들에게는 여러 종류로 분류되는 음식이고, 각각 고유한 명칭이 따로 있다. 굳이 통칭할 필요가 있으면 단순히 '소스'로 부를 뿐이다. 외국인 입장에서 한국의 다양한 종류의 국, 탕, 찌개, 전골을 그냥 '수프'로 부르는 것과 비슷하다.

커리를 통해 인도인의 일상생활을 엿볼 수 있는데, 우선 대표적인 특성은 '마살라'다. 마살라는 인도가 자랑하는 수많은 향신료들의 배합을 의미한다. 커리의 맛은 한국의 된장처럼 지역별로 다른데, 그 맛은 어떤 향신료를 어떤 배합으로 얼마큼 넣는가에 따라 결정된다. 한국인에게 잘 알려진 일본식 카레는 강황을 주로 사용하는데, 사실 이 또한 수많은 마살라 배합 중 하나일 뿐이다. 이 외에도 넛멕(nutmeg), 터메릭(turmeric), 커민(cumin), 코리앤더(coriander) 등 수많은 향신료가 사용되고, 지역별로 입맛에 따라 다양한 마살라가 있다. 모든 집마다 대대로 전수되어 내려오는 마살라를 하나씩 가지고 있으며, 다양한 배합을 통해 새로운 맛을 창출하는 노력은 지금도 진행 중이다. 마살라로 어떤 맛을 구현하고, 현지 식재료에 마살라를 어떻게 섞는지를 살펴보면 그 지방의 특성과 지역인들의 기질을 파악할 수가 있다. 실제로 우리가 즐기는 카레 맛은 인도인 기준으로는 매우 밋밋한 남부 인도 스타일의 커리 맛인데, 일본에서 유입된 까닭에 일본식 마살라로 불러도 무방할 정도이다.

　인도 북부 지역 사람들은 커리를 차파티라고 불리는 납작한 빵에 찍어 먹는다. 이러한 식습관은 중동 지역 국가와 동일하다. 중동에서도 여러 종류의 납작한 빵을 다양한 소스에 찍어 먹는다. 이는 단순히 빵이 납작하다는 데서 오는 우연의 일치가 아니다. 납작한 빵류는 사실 한국에서도 익숙한 '호떡'의 원조 격으로 중동, 중앙아시아, 인도 북부 지역에서 손쉽게 찾아볼 수 있기 때문이다. 호떡의 '호(胡)'는 한국의 입장에서 오랑캐라는 의미보다는 중국의 시각에서 서부 지역의 중앙아시아인들을 의미하는 '호(胡)'라고 보는 것이 타당하다. 인도는 중동이나 중앙아시아와 별개의 문화를 가졌지만, 천여 년 동안 먹거리를 포함한 여러 방면에서 이슬람 문화의 영향을 받은 것이 사실이다. 중동과 이란을 포함한 중앙아시아에서 먹는 소스류는 분명 커리와는 달리 향신료의 비중이 훨씬 적고 담백하다. 그러나 소스의 질감과 유제품을 중심으로 버무리는 조리법은 기본적으로 동일한데, 인도의 경우 고온다습한 기후를 고려하여 강한 향신료를 추가했다는 점에서 차이가 있다.

커리의 시각적인 매력은 크지 않다. 소스 형태이기 때문에 아름답게 표현하는 데 한계가 있다. 기껏해야 커피 위에 그림을 그리는 라테아트처럼 커리 위에 크림이나 우유를 살짝 올리는 수준의 장식이 전부다. 이렇듯 인도 문화 전반에서 음식 문화가 차지하는 비중은 크지 않다. 음식은 맛도 중요하지만 모양도 중요하다. 한식의 정갈한 상차림, 서양 음식의 다채로운 프레젠테이션, 스시의 화려한 색상 등이 그러하다. 커리를 비롯한 여타 인도 음식이 외형을 강조하거나 장점으로 삼는 경우는 드문데, 이는 소스 형태의 음식을 아름답게 꾸미는 방법이 제한적이기 때문이다.

인도의 음식 문화 수준은 여타 문명에 비해 크게 발전하지 못했는데, 이는 인도인들이 식사에 큰 의미를 부여하지 않은 까닭이다. 인도인에게 식사 시간은 음식을 즐기는 시간이라기보다 배를 채우는 시간으로서의 의미가 더 크다. 물론 인도인 역시 식사 시간을 교류의 시간으로 활용하지만 식사할 때보다는 식전에 음료와 각종 애피타이저를 즐기면서 교류하는 것이 일반적이고, 식사 자체는 짧은 시간 안에 끝낸다.

커리를 먹을 때 손을 사용하는 것도 주목할 만한 대목이다. 기본적으로 커리는 소스이기 때문에 어딘가 찍거나 버무려 먹어야 한다. 인도 북부에서는 주로 커리를 차파티에 찍어 먹고, 쌀을 주식으로 삼는 남부에서는 일종의 쌀떡인 이들리(idli)나 바삭바삭하게 구운 도사(dosa)를 커리와 함께 먹는다.

커리는 강황을 포함한 다양한 종류의 향신료를 주원료로 사용하지만 유제품도 빠질 수 없는 재료 중 하나다. 커리를 조리할 때 상당한 분량의 버터와 우유가 사용되는데, 사실 이는 북부 인도의 무더위를 고려했을 때 다소 의외이다. 음식 문화는 대개 지역의 풍토와 기후를 반영하는 것이 일반적인데, 상하기 쉬운 유제품이 40도를 훌쩍 넘는 혹서기로 유명한 북인도에서 주된 식재료로 사용되는 대목이 얼핏 잘 이해가 가지 않는다. 하지만 유제품을 넣은 커리를 소위 '무글라이(Mughlai)', 즉 무굴인의 음식이라고 불리는 데서 힌트를 얻을 수 있다. 몽골의 후예인 무굴제국이 유목민의 음식인 유제품을 이 지역에 소개하고, 동시에 지배 계층으로서 유제품을 즐겨 먹으면서 자연스럽게 피지배층이었던 인도인에게 전파된 것이다. 무굴 시대 이전까지 인도인들은 단백질을 대부분 두류를 통해 섭취했는데, 유제품을 재료로 쓴 무글라이는 맛도 좋고 단백질 섭취에도 유리했기 때문에 자연스럽게 일반화되었고, 현대에 들어 유제품은 인도 가정에서 필수 식재료로 자리 잡았다.

음식을 먹는 방법이나 조리법에도 유목민의 정취가 묻어 있다. 목축인들이 방목하는 양이나 염소의 젖으로 만든 유제품을 활용하여 소스를 만들고 빵에 찍어 먹는 방법은 고된 목축 생활에 꼭 필요한 단백질과 지방을 손쉽게 섭취할 수 있는 방법이다. 반면 식단에서 야채가 거의 없는 이유는 유목민의 특성상 한곳에 오래 정착할 수 없어 곡물이나 채소를 재배할 농사를 지을 수 없기 때문이다.

유목민의 음식이 인도에 잘 정착할 수 있었던 이유는 유제품을 넣고 푹 끓여 만든 커리에는 물을 첨가하지 않아도 되는 조리법 때문이다. 이와 같은 조리법은 수인성 질병을 예방하고 기본적인 위생을 확보한다는 이점이 있다. 먹는 방식도 빵이나 떡에 소스를 찍는 단순한 방식이기 때문에 음식과 손의 접촉을 최소화한다.

　몽골도 13세기 한반도에서 큰 영향력을 발휘했다. 그렇지만 오늘날 한국인의 식탁에 인도인과 같은 '무글라이'는 존재하지 않는다. 깨끗한 물과 채소류는 쉽게 구할 수 있지만 축산업과 밀 재배에는 적합하지 않은 한반도에서 유제품을 재료로 한 소스와 빵이 정착하기 어려웠기에 담백한 맛의 한식이 그대로 보존되었다고 추측된다.

구자라트 주의 유명한 로컬 푸드인 탈리(thali)는 우리에게 익숙한 펀자브 음식과는 또 다른 맛을 선사한다. 향신료 사용을 자제하면서 달콤한 음식을 선호하는데 이 지역에서 영향력이 큰 자인교의 영향을 받아 채식주의 성향이 짙다. 사진에서는 이 지역에서 주로 먹는 빵인 로티(roti)가 포함되어 있다.

재외거주 인도인의
힘과 희망

　인도인 하면 생각나는 이미지로는 난해한 수학 문제를 척척 풀어내는 귀재, 해박한 의학지식으로 무장한 세계적 명의(名醫), 실리콘밸리에서 차세대 컴퓨터 알고리즘을 개발하는 공학도 등이 있다. 그뿐만 아니라 미국 공항 내 모든 신문 가판대, 뉴욕 시내의 잡화점, 미국 대부분 병원에 납품되는 카피 제약회사 등 다방면으로 인도인들이 상권을 장악하고 있는 점도 흥미롭다. 인도에서는 이들을 NRI(Non-Resident Indian), 즉 재외거주 인도인이라고 통칭하는데 전 세계적으로 약 2천만 명이 분포되어 있다고 한다. 전 세계에 흩어져 있는 인도인들의 숫자가 어지간한 국가의 인구수에 버금갈 정도로 많은 셈이다.

　우리는 세계에서 활약하는 한국 교민들을 자랑스럽게 생각한다. 그들은 외국에서 한국의 위상을 높이고, 한국인으로서의 긍지를 가지며, 언젠가 고국으로 돌아와 한국 발전에 이바지하는 것을 당연하게 여긴다. 1960~1970년대 한국이 빈곤에 허덕이던 시절, 미국이나 유럽에서 유학을 한 학생들은 귀국하여 선진국에서 습득한 첨단기술과 지식으로 한국 경제 도약에 크게 이바지했다. 이들은 오늘날의 대한민국이 있게 한 든든한 밑거름이 되었고, 지금도 수많은 유학생이 학업을 마친 후 귀국해서 한국 발전에 기여하고 있다. 인도는 매년 3만 명이 넘는 학생들이 미국으로 건너가 공부를 하고, 인도인다운 학업적 성취를 유감없이 발휘하고 있다. 그러나 인도 유학생들은 한국 유학생과는 달리 학업을 마친 후에도 귀국하지 않는 경우가 대부분이다.

NRI의 근간은 크게 세 가지로 나눠 볼 수 있다. 가장 핵심적인 부류는 미국의 아이비리그와 같은 최상위 대학교로 유학하여 해당 전공 분야에서 최고의 실력을 쌓는 수재들이다. 이들은 MIT, 캘리포니아공과대학, 스탠퍼드대학교 같은 이공계 명문대로 진출하여 해당 분야에서 전문성을 쌓는다. 비슷한 부류로 같은 인도인이지만 미국에서 이미 자리를 잡은 이민 2세들이 있다. 이들도 주로 이공계로 진출하지만, 미국 국적을 소유하고 있어 외국인은 입학할 수 없는 의대로 진학하거나 로스쿨과 MBA 등으로도 진출하기도 한다. 이들은 모두 학업에 있어서 최고의 수재라는 점에서 공통점을 지닌다.

두 번째 부류는 최상위 대학교는 아니지만 다소 낮은 서열의 대학교나 일반 전문대 등으로 진학하는 유학생들이 있다. 기술 취득이 주목적이지만 성적만 최상위 대학 진학생에 비해 다소 떨어질 뿐 미국 국내의 웬만한 상위권 학생들보다는 월등한 실력을 갖추고 있다. 이들은 해당 분야에서 두각을 나타내고 노력에 따라 더 좋은 대학교로 옮기거나 높은 소득의 직장에 취직한다. 회계, 세무, 경리, 행정관리 등 기업의 중간 관리 영역이 이들의 주된 활동 무대인데, 인도인 특유의 꼼꼼함이 빛을 발한다.

마지막 부류는 인도 상류층의 유학이다. 첫 번째와 두 번째 부류가 온전히 개인의 실력으로 유학에 성공했다면, 부와 권력을 축적한 인도 상류 계층은 다음 세대에게 높은 수준의 학업 성취와 유학 경험을 제공하기 위해 아낌없이 투자한다. 주로 미국의 아이비리그나 영국의 옥스퍼드, 케임브리지 등의 대학교로 진학한다.

외국 유학은 인도의 척박한 사회 계급과 차별, 그리고 빈곤의 악순환에서 빠져나올 수 있는 최상의 해방구다. 이를 위해 수천만 명의 인도 학생들이 각고의 노력을 기울이고, 치열한 경쟁을 통과한 3만여 명의 학생들이 매년 미국행 항공편에 탑승한다. 상당수 유학생들은 어려운 형편을 뒤로하고 신분 상승과 유복한 생활을 목표로 독보적인 근성과 성공에 대한 집념, 그리고 월등하게 우수한 두뇌를 밑천으로 학업에 임한다. 이렇듯 성공을 향한 강한 열망을 가지고 노력하는 인도인과의 경쟁에서 이기기는 쉽지 않은 일이며, 인도들이 뛰어난 학업 성취도를 보이는 것도 당연한 일이다.

그러나 학업을 마친 인도인에게 인도는 돌아가서 봉사하고 발전에 기여하고픈 고국이 아니다. 오히려 이들에게 인도는 카스트와 엄격한 사회 계급, 차별과 불평등이 존재하는 배척의 땅이다. 아무리 하버드대학교에서 '수마 쿰 라우테(summa cum laude)'상을 받고 최우수로 졸업했더라도 인도에 돌아가서는 본연의 신분에 속박된다. 이름과 성만 대면 출신 지역과 카스트가 노출되면서 미국에서 취득한 학력, 명예와 직업의 의미가 퇴색되어 버린다.

NRI는 인도의 전형적인 미국 이민 및 유학 사례를 보여 준다. 자신을 낳고 길러 준 고국을 떠나 유학을 온 미국에 정착한다. 유학을 와서 타지에서 정착한 1세대에게 고국은 부모님이 계시는 고향이다. 자신의 유학을 위해 노력한 부모를 위해 본인의 소득을 아낌없이 송금한다. 이런 배경 속에서 인도의 경상수지 흑자를 지탱하는 수백억 달러의 외화 송금이 등장한다. 이민 2세, 3세로 넘어가면서 점차 현지화 과정을 거친다. 이 시점에서 인도인들은 발군의 실력을 발휘하는데 서구 개인주의의 장점과 인도의 단체주의에 기반을 둔 끈끈한 유대감이 결합하여 세계적으로 유명한 인재들을 많이 배출한다.

2014년, 나렌드라 모디가 인도국민당의 총리 후보로 선출되어 국민회의
당을 밀어내고 총리에 당선되었다. 모디는 지금까지의 리더들과는 달리 낮
은 카스트 출신의 민중 후보로 중산층과 빈민층의 폭넓은 지지를 받으며 당
선되었다. 그 배경에는 NRI의 막대한 후원금이 있다. 인도가 변하길 바라는
염원, 외국에서는 성공했지만 고국에서는 홀대받는 사회적 관습, NRI는 이
모든 것을 모디가 바꾸고 개선해 주기를 바라는 마음에 통 크게 정치후원금
을 모디에게 몰아줬다. 이들이 가진 인도에 대한 애정과 변화에 대한 열망
을 단적으로 보여 주는 사례다.

인도에서 받는 낮은 임금 및 열악한 근무 조건을 고려하면, 카스트적 요
인을 배제하더라도 귀국할 요인이 적은 것이 사실이다. 최근 인도로 돌아오
는 NRI는 인도의 경제성장이 유발한 사업적 유인에 따른 것이다. 예를 들
어 실리콘밸리에서 성공한 인도인이 운영하는 IT 기업이 인도 남부의 벵갈
루루와 같은 곳에서 콜센터를 세우기 위해 자본가 또는 기업가로서 인도에
진출하는 경우다. 이런 사례는 1990년대부터 인도가 경제 개방을 주도하
면서 카스트에 따른 차별이 많이 완화되면서 일반화되었다. 콜센터는 서비
스 근로자 중심의 비즈니스이기 때문에 인도 사회에 대한 정확한 이해가 수
반되어야 하는데, NRI가 여타 외국인보다 이 부분에 확실한 우위를 점하고
있음은 자명하다. 이렇듯 NRI가 1960~1970년대 우리 유학생과는 달리 다
소 다른 방식으로 인도의 경제성장을 견인한다는 점이 흥미롭다.

최근 우리나라에도 이민 2, 3세대들이 돌아오고 있다. 재외거주 인도인을
NRI라고 부른다면, 재외거주 한국인은 NRK(Non-Resident Korean)라고 호칭

할 수 있겠다. 인도와 달리 이미 선진국의 반열에 다가간 한국의 경우, 선진국과 유사한 수준의 사회 및 문화적 인프라를 구축해 놓은 상태다. 아직도 발전할 여지가 많다는 점에서 이미 고도 성장기에 다다른 여타 미국, 유럽 선진국에 비해 더 많은 기회가 열려 있기도 하다. 이들이 앞으로 한국 발전에 기여할 수 있기를 바란다.

한국인과
인도인

인도는 13억 명에 달하는 인구 대국으로 여러 민족과 언어, 문화로 구성되어 있고 그만큼 다양한 민족성과 기질을 지닌다. 펀자브와 같은 북부 인도인은 강건함과 성실한 성격으로 유명하고, 남부 인도인은 유연하고 실용주의적 사고방식을 갖춘 것으로 잘 알려져 있다. 간디와 모디 총리를 배출한 서부 인도인들은 이재에 밝고 상업적 기질에서 도출되는 현실 중심적 사고방식을 바탕으로 수많은 정치인들과 기업인들을 배출했다. 동부는 인도의 문학, 예술, 철학의 본거지로서 타고르를 배출한 벵골 지역이 대표적이다. 이렇듯 복잡한 인도인들의 다양한 기질 속에서 범(凡)인도인으로서 공유되는 동질감을 찾을 수 있는데, 이러한 공통분모는 현대 인도인들에게 단합된 국민 의식을 갖도록 하는 원천이 된다.

한국인의 기질 또한 단순하게 규정될 수 없다. 그럼에도 한국인의 대표적인 기질을 거론할 때 자주 등장하는 개념으로 '정(情)'이 있다. 한국인이라면 누구나 공감하는 '정'은 서양에서 중시하는 '사랑'과는 구별되는, 인간 대 인간의 관계 속에서 잔잔히 주고받는 호감 또는 친밀감이다. 좀 더 구체적으로 말하면 상대방을 챙기고, 걱정하고, 희로애락 감정을 공유하는 정서다. 이를테면 모르는 사람과의 첫 대면이 서먹할 때도 서로 '정'을 공감하는 순간 가까운 관계가 형성된다. 집단의 차원으로 확대하면 개개인의 힘으로는 달성이 어려운 과제들이 '정'으로 뭉친 단체의 힘으로 해결되는 경우가 많은데, 현대 한국의 발전을 책임진 중요한 정신적 요소라고 생각한다.

하지만 인도에서는 이러한 '정'이 쉽게 작동하지 못한다. 한국에서처럼 술 몇 잔에 신뢰가 조성되는 환경이 없기 때문이다. 이는 인도인과 한국인의 대화 장면에서도 큰 차이를 보인다. 한국인들은 대화를 나눌 때 메시지의 정확성을 꼼꼼히 따지기보다는 일부 틀리거나 마음에 들지 않더라도 맥락상 지장이 없으면 감정이 상하지 않도록 서로 양보하고 적당한 선에서 절충한다. 이러한 한국인의 성향은 집단적 단결력을 강화하는 효과를 가져온다. 둘째라면 서러워할 정도로 '따지는 기질'을 갖췄음에도 불필요한 충돌과 갈등을 피하고자 자제하는 것이다.

한국인과 인도인들 간의 어색한 순간은 처음 대면하는 순간부터 시작된다. 대부분의 한국인들은 처음 만나 대화를 시작할 때 공감대를 형성하기 위해 개인적 신상명세를 화제로 삼는다. 직업, 출신 지역, 학력, 주변 교우관계 등에 대한 이야기를 꺼내 상대방과 공감할 수 있는 연결 고리를 모색하고, 상대방에게도 같은 질문을 던진다. 그러나 이러한 개인적 질문에 맞닥뜨린 인도인은 대답하기에 앞서 자신에게 개인적인 질문을 하는 경위부터 따진다. 사실 인도인 대부분은 대화를 시작하면 날씨와 언론상에서 공개된 최근 뉴스거리를 주제로 삼고, 자신에 관한 이야기는 자제한다. 반면 상대방에 대한 정보를 최대한 알아내려고 노력한다. 한국인은 솔직하게 자신의 이야기를 들려주려고 하지만, 인도인들은 상대방을 의심하면서 수박 겉핥기식의 피상적인 대화만 나누는 경우가 종종 있다. 이때는 교감의 형성은커녕 오히려 쌍방 간 오해와 의혹만 가진 채 대화가 흐르고 만다.

그럼에도 불구하고 인도인들에게도 한국인 못지않은 따뜻한 감성이 있고, 조건 없는 교감을 나누려는 성향이 있다. 인도인에게도 한국인 같은 '계' 문화가 있고, 서로를 신뢰하고, 의리를 중시한다. 또한 친인척과 이웃사촌들 간 맺어진 촘촘한 인간관계를 기반으로 수많은 금융 및 상업적 거래가 이뤄진다. 다만 이러한 인도인의 특질은 한국인처럼 단기간의 교감을 통해 의기투합하는 성질의 것이 아니라 시간을 들여 개개인의 배경이 되는 카스트, 출신 성분과 지역, 해당 지역사회에서의 평판에 대한 꼼꼼한 비교와 분석을 거친 후에 이뤄진다는 점에서 결정적인 차이가 있다. 여기서도 인도인다운 치밀함을 엿볼 수 있다. 서로를 가늠하는 단계가 성공적으로 끝난 후 형성되는 인간관계의 끈끈함은 한국인의 '정' 못지않게 공고한 것이 인도인의 인간관계다.

성질이 급하지만 정에 약한 한국인과 느긋하지만 이지적이고 깍쟁이로 정평이 나 있는 인도인은 표면상으로는 그 차이가 크다. 그러나 한국인도 인도인처럼 꼼꼼히 따지는 기질이 있으며, 인도인들도 한 번 친해지면 정에 약한 기질이 있다. 이렇듯 서로 이질적이면서도 공통적인 부분이 잘 조화된다면, 한국인과 인도인은 좋은 친구가 될 수 있다.

뉴델리 난개발과 경제발전

　　개발도상국은 경제성장 과정에서 농민들의 대대적인 도시 이주가 이루어 지는데, 이때 도시는 거주지 및 기초 시설의 부족으로 난개발 기간을 거친 다. 한국도 1960~1970년대에 서울의 신도시였던 강남 일대가 거대한 공사 판이 되어 수많은 고층 건물과 아파트가 들어섰는데, 이 과정에서 자연 파 괴와 문화유산 훼손 등의 문제도 발생했다. 전국에서 일감을 찾아 몰려온 수많은 근로자들과 도시에서 새로운 인생을 개척하려고 무작정 상경한 사 람들로 인해 서울 인구는 폭발적으로 증가했다. 그 과정에서 서울 곳곳에 판자촌이 생겨났다. 시간이 지나 경제 발전이 이루어지고 선진국으로 발돋 움하는 지금, 당시 서울의 도시화를 이끌었던 역군들도 중산층으로 거듭났 고 판자촌과 달동네들도 도심에서 자취를 감추었다.

　　인도의 1인당 GDP는 1,500달러에 불과하지만, 지속적인 경제성장으로 인해 인도 곳곳에 도시화가 진행 중이다. 인도의 수도인 뉴델리도 마찬가지 인데, 한때 울창한 숲을 자랑했던 지역들이 이제는 대형 쇼핑몰이나 주거 단지가 들어선 구역으로 변모되는 모습을 쉽게 목격할 수 있다. 뉴델리는 인구가 2천만 명을 돌파하면서 세계에서 다섯 번째 안에 드는 초(超)고밀도 인구 밀집 도시가 되었고, 대다수 신규 유입 인구는 우리나라의 1960~1970 년대처럼 인도 각지에서 새로운 직업과 소득 증대의 기회를 노리고 상경한 농민들이다.

뉴델리는 뭄바이와 더불어 도시 소득이 가장 높은 곳이다. 여타 도시와 비교할 때 현재 뉴델리의 가장 두드러지는 모습이자 문제점은 빈부 격차다. 뉴델리 내 최신 개발 구역에는 최고급 쇼핑몰이나 고급 주택 단지가 들어선 반면, 빈곤 구역에는 지저분하기 짝이 없는 판자촌이 곳곳에 자리 잡고 있다. 이들 판자촌은 1990년대 이후 뉴델리가 인도의 개혁개방을 선도하는 도시로 거듭나는 과정에서 발생한 노동력 수요에 호응하여 상경한 농민들에 의해 자연발생적으로 조성되었다. 어느덧 수십 년이 흘러 현재는 뉴델리 행정 구역의 일부분으로 인정될 정도이다. 이러한 특징은 뭄바이도 유사한데, 두 도시 외에 다른 도시들도 빈곤 문제를 안고 있지만, 뉴델리나 뭄바이처럼 극단적 양극화는 없다.

뉴델리에 난개발이 진행되면서 도시가 지니는 고유한 개성은 자취를 감추고 있다. 이는 울창한 숲과 맑은 시냇물 같은 자연환경뿐만 아니라 천 년에 가까운 문화유적지는 물론이고 뉴델리 시민들이 수백 년 동안 가꿔 온 고품격 예술과 문화의 소멸과 훼손으로 나타나고 있다. 뉴델리는 천 년이 넘는 역사를 지녔지만 이슬람 세력의 침략으로 힌두교 문화유산은 파괴 및 훼손되어 힌두교 계통의 유적은 손에 꼽을 정도이고, 이후 무굴제국이 남겨 놓은 문화유산도 붉은 요새와 후마윤(Humayun) 황제 묘, 무굴 궁정 앞의 주작대로(朱雀大路) 격인 찬드니 초크 정도에 불과하다. 남아 있는 유적지 또한 관리가 제대로 되어 있지 않아 수십 년 후면 소멸할 정도로 상태가 좋지 못하다. 이렇듯 문화유산의 소실이 빠르게 진척되고 있지만 이러한 사실마저 인식되지 못하는 영역이 바로 무형 예술 분야인데, 특히 뉴델리 고유의 지역사회 특질이 그러하다.

뉴델리의 난개발이 무형 문화의 파괴를 가져온 것은 인구 구성의 변화와 1857년 발발한 세포이 항쟁에 따른 무굴제국 상류층의 소멸에 기인한 바가 크다. 항쟁이 실패하고 세포이 반군이 장악했던 뉴델리가 영국 정규군에 의해 함락되면서 세포이 항쟁을 지원하던 무굴제국의 지배층과 중산층은 대학살을 당하는데, 이 시점부터 1920년대까지 뉴델리는 사실상 도시의 기능을 상실하고 방치되어 유령 도시로 남는다. 세포이 항쟁은 1200년대부터 수많은 외부 침략을 버텨 오던 뉴델리의 토박이층이 소멸하는 결정적 사건이었고, 이로 인해 뉴델리 고유의 풍류와 지역 특색은 사실상 소멸한다.

영국이 뉴델리로 천도를 결정하고, 1920년대 새로운 건축 붐에 따른 인구 유입은 노동력 충당 차원에서 이루어졌다. 이주 농민 대부분은 뉴델리 북쪽의 펀자브 주와 카슈미르 주의 체격이 건장한 지역인들이었다. 특유의 우직함과 완고함으로 유명한 북방 이주민들은 수십 년 내 뉴델리의 다수 시민으로 거듭나고, 직선적이면서 다소 우직한 이들의 문화가 뉴델리에 자연스럽게 유입된다. 북방 계통의 인도식 요리인 탄두리 구이와 차파티 빵이 새로운 주식(主食)으로 등장하고, 이전의 고풍적이고 귀족적인 우르드어(Urdu語) 가곡과 시는 흥겹지만 단순한 음률의 펀자브 지방 음악으로 대체된다. 실용적인 북방인의 특성답게 기존 무굴제국이 자랑하던 유려한 건축물들은 자취를 감추고 정육면체의 단순한 형태의 주거지가 뉴델리를 채운다.

현재 뉴델리는 2천만 명이 거주하는 세계적인 대도시다. 그러나 잘 들여다보면 오래된 길거리나 골목길, 지역사회는 더는 찾아보기 힘들다. 행정수도로서의 특징은 차치하고, 천 년의 역사를 가진 도시로 역사적 사적지들과 함께 도시의 역사를 구술해 줄 토박이들이 자취를 감췄다. 가장 오래된 뉴델리의 토박이들은 1920년대 정착한 근로자들과 건설업자들의 후손인데, 이들은 델리가 아닌 새롭게 건설된 '뉴'델리 사람이지 천 년의 역사를 자랑하는 델리를 대변하는 존재가 아니다.

그런 의미에서 뉴델리의 난개발 역사는 1920년대로 거슬러 올라간다고 봐도 무방하다. 뉴델리 중심부에 영국인이 현대적인 행정도시를 건설할 때, 일반 인도인들이 거주하는 외곽은 영국 식민주의자들의 관심 밖으로 밀려나 난개발이 진행되었다. 특히 1990년대부터 실시한 개혁개방 정책하에 경제가 발전함에 따라 델리에도 건축 붐이 조성된다. 이미 개발이 완성된 뉴델리 중심부를 벗어나 동심원처럼 개발 구역이 퍼져 나가는데, 이때부터 뉴델리 남부 농촌 지역에 해당하는 구르가온(Gurgaon)과 노이다(Noida)가 신도시로 개발된다. 이러한 급격한 도시 개발로 인해 환경은 파괴되고, 노동인구가 새롭게 유입되면서 뉴델리는 지금의 모습을 갖추게 되었다. 인근 지역의

난개발의 종착점은 정비와 발전이다. 이를 가장 잘 보여 주는 사례가 델리 남쪽에 위치한 구르가온이다. 한때 한적한 농촌이었던 지역이 불과 10여 년 만에 초대형 메트로폴리스로 자리 잡아 인도인들에게 도시화에 대한 자신감을 불어넣고 있다. 인도에 진출한 다국적기업 본부들이 입주해 있어 인프라 건설이 마무리되는 대로 다시금 도약할 것으로 기대된다. 길에는 소 대신 멧돼지들이 주로 보이는데, 도시개발 이전을 짐작하게 하는 잔영으로 보인다.

농민들은 물론 새로운 인생을 개척하려는 인도인이 몰려들어 지금의 2천만 명에 달하는 거대 도시로 탈바꿈한 것이다.

경제성장이 수반하는 주요 도시들의 난개발은 어느 시점이 되면 복원과 정상화 과정을 거치기 마련이지만, 뉴델리의 난개발이 안타까운 것은 도시 내 수많은 하천과 개울, 수목과 숲들이 하나같이 훼손되고 오염이 심각한 데 있다. 제국 수도로 자리 잡은 시점의 뉴델리가 얼마나 아름다운 자연환경에 유려한 문화재로 둘러싸여 있었을지를 상상해 보면, 난개발이 남긴 뉴델리의 상처가 새삼 인식되어 가슴이 아프다.

인도의 식문화

인도의 식사, 특히 저녁은 일반적인 식사 방식과 차이가 있다. 우선 시작하는 시각이 저녁 8시 이후로 매우 늦은 편이다. 식사 시간이 되어도 음식이 바로 서빙되는 것이 아니라 남자들은 위스키 같은 식전주를 여자들은 홍차를 마시면서 핑거푸드인 사모사(samosa)나 콩류, 닭고기나 양고기로 만든 튀김 요리를 곁들인다. 대게 이렇게 밤 11시까지 담소를 나누다가 식사를 하는데, 식사 시간은 채 10분을 넘지 않는 것이 특징이다. 식전에 이미 꽤 많은 양의 음료와 요깃거리로 배를 채웠기 때문에 식사는 배를 채우는 것보다 분위기가 꺼지는 말미에 최종적으로 흥을 돋우는 의미가 더 크다. 얼핏 보면 지중해식 저녁과 유사해 보이지만 지중해 국가들이 정식 식사 코스를 네다섯 가지 즐기면서 대화를 즐긴다는 점에서 정식 식사를 11시 이후로 미루는 인도의 식문화와는 차이가 있다.

인도인의 식문화에서 한 가지 확실한 것은 인도인들은 먹는 것에 큰 관심을 갖지 않는다는 점이다. 식사 시간이 가족이든, 친구든, 동료든 대화를 나누고 사람과의 교류를 즐기는 시간이라는 시각은 인도인 또한 전 세계 사람들과 마찬가지다. 하지만 먹는 행위 자체가 사람과의 교류에서 분위기를 돋우는 부수적인 역할만 한다고 여기는 데서 차이가 있다. 그러다 보니 저녁 식사를 하기에 앞서 주류와 안줏거리만 즐길 뿐 정식 식사 자체는 두세 시간의 대화가 끝난 시점이 되어야 서빙되고, 식사 도중 대화는 제한적으로 이뤄진다.

　　우리나라의 경우도 '식사'라는 개념이 있어서 코스 메뉴로 식사를 할 때 밥과 찌개류, 국수류로 마무리 짓는다. 인도의 식사는 이런 관점에서 보면 우리의 전채요리 부분을 두세 시간으로 늘려 놓고, 우리의 메인 코스와 "식사" 부분을 극단적으로 15분 내외로 미뤄 놓은 것으로 볼 수 있다.

　　인도인에게 저녁 시간은 자기를 위한 시간이며 가족, 친척, 가까운 친구들과 즐거움을 나누는 시간이다. 인도인이 저녁을 같이하는 사람들은 소위 인사이더들이다. 한국이나 여느 국가에서처럼 저녁 식사를 새로운 사람들과 어울리는 사교의 시간으로 여기지 않는다. 많은 외국인들이 이 부분에서 당황해 하곤 한다. 반면 외국인인데 저녁에 초대되면 이는 상당한 영광이고, 그 자체가 그들의 이너서클로 인정받았음을 보여 주는 방증이기도 하다.

성을 통해 알 수 있는 인도인

인도인의 성(姓)은 많은 정보를 담고 있다. 출신 지역, 카스트, 직업, 성격과 취향까지 짐작할 수 있다. 오베로이 호텔로 유명한 '오베로이(Oberoi)'란 성은 펀자브 지역의 문예가 출신 부족으로 카스트는 중상급 수준이며 유려하고 온화한 품성을 지녔다고 알려져 있다. 이렇듯 인도의 성은 자신이 속한 부족이나 씨족을 의미하며, 어느 지역에서 어느 직종에 종사하고 있으며, 카스트는 어느 정도 수준인지를 알려 주는 일종의 문패 역할을 한다. 계층 간 이동성이 낮았던 시대에 신분과 직업은 집안 대대로 물려 내려왔고, 지역 간 이동도 제한적인 시대였던 만큼, 인도의 성은 다양한 정보를 담게 되었고, 인도 지역사회에서 개인을 규명하는 비공식 주민등록제도 같은 기능을 담당했다.

현대로 넘어와서 성이 가진 개인 신상 정보 제공의 기능은 많이 상실되었지만 인도에서는 여전히 카스트가 비공식적으로 존속하기 때문에 개인의 지역적·씨족적 특성이 성에 드러난다. 일반인의 경우 많은 이들이 현대에 들어서야 성을 갖게 되었는데, '싱(Singh)'이나 '쿠마르(Kumar)' 같은 성들은 별다른 신분상 의미가 없다. 그러나 역사적·지역적 유래가 있는 성을 지닌 이들은 자신의 가문이나 사회적 지위를 알리는 수단으로 성을 활용한다. 비록 현대 인도는 카스트를 폐지했고 국민들이 평등한 민주주의 사회를 구현하지만, 수천 년간 내려온 출신 성분에 대한 구별은 아직까지도 존속하고 있기에 이러한 현상은 여전하다.

　일반인이 높은 신분의 성을 임의로 차용할 수 있지만, 이런 성들은 대개 부족적 연대감을 갖고 있고 각각의 구성원에 대해 잘 알고 있기 때문에 도용이 쉽지 않다.

인도 이미지 1 | 아크릴 | 61*50cm | 2018

제3장

거대 신흥 경제권인 인도의 도약과 도전

한국인이
인도에서 강한 이유

한국인과 인도인 간의 정서상 차이는 크다. 외국인들은 한국인이 정에 약하면서 성실함과 근면성을 중시하고, 똑똑한 민족이라고 평한다. 반면 인도인에 대해서는 수학이나 공학 분야에서 천재적인 재능을 가지면서 자기주장과 언변이 강하다 보니 다소 얄밉다는 인상을 거론한다. 양국 간 민족성만 두고 봤을 때 한국 기업이 인도에서 성공을 거두기란 쉽지 않아 보인다. 그러나 인도 시장에 진출한 한국 기업은 다른 외국 기업보다 상대적으로 잘 적응하고 우수한 실적을 올리곤 한다. 인도에 잘 정착한 외국 기업들은 독일, 일본, 미국계 기업들로 세계적 수준의 경쟁력과 기술력을 갖춘 회사들이다. 한국 기업은 상당한 수준의 기술력은 물론 저렴한 가격과 현지 생산 능력을 통해 경쟁력을 높여가고 있다. 이렇듯 굴지의 다국적기업들 못지않은 성과를 한국 기업들이 올리는 부분에서 우리 기업들의 인도 시장에 대한 높은 이해와 탁월한 현지 적응력을 짐작할 수 있다.

높은 기술력과 현지 적응력 외에 인도 정부와의 협력 관계에서 성공의 요인이 있다. 한국 기업의 글로벌 진출은 개발도상국 기업으로서 다른 개발도상국으로 수평 진출했다는 데 의의가 있다. 인도 시장에 진출한 업체들이 코카콜라, 소니, 지멘스(Siemens) 같은 굴지의 다국적기업임에 비해 한국 기업은 당시만 해도 중저가 제품을 수출하는 소위 '그렇고 그런' 기업에 불과했기 때문이다. 1960~1970년대 한국 기업들은 국가 차원의 유치산업 보호 아래 국내에선 독점적 지위를 누렸지만, 그 대가로 수출을 통해 외화를 벌어 와야 한다는 의무가 부여되었다. 그 과정에서 한국 기업들은 일정 수준의 국제 경쟁력을 갖추는 성장 과정을 밟았다. 국내 산업 보호와 대외 수출을 결합한 국가는 일본과 대만 외에는 그 사례가 드문데, 한국 기업의 경우 국가 중심적 경제 발전 체제와 자유시장 경제체제를 모두 이해하는 독특한 노하우를 보유하게 되었다. 1990년대 한국 기업이 맞닥뜨린 인도 시장은 이전에 한국에서 겪었던 시장 상황과 유사했는데, 이는 다른 외국 기업들이 시행착오를 겪으며 지불해야 했던 '수험료'를 아낄 수 있는, 일종의 헤드 스타트 역할을 하였다.

인도는 소련 붕괴 후 냉전이 종식된 1990년대부터 자유시장 경제가 도입되었지만, 여전히 그 근간에는 사회주의 경제가 존속했다. 국가의 시장 개입이 만연했고, 1947년까지 영국의 식민지였다 보니 외세의 개입과 외국 자본의 국내 시장 잠식에 대한 경계가 유난히 높았다. 인도인 입장에서 세계열강인 미국, 독일, 일본 등의 기업들이 인도에서 이익을 거두면, 영국의 식민지 통치하에서 겪었던 혹독한 경제적 착취가 데자뷔처럼 연상되었다. 이는 19세기 영국의 월등한 군사력, 경제력, 기술력 앞에 속수무책으로 당할 수밖에 없었던 인도인의 민족적 상처를 간접적으로 자극했다.

특히 무굴제국이 전성기를 누리던 17~18세기까지 전 세계에서 가장 경쟁력을 갖춘 의류 및 면직물 생산국은 인도였다. 그러나 영국이 인도 침략을 본격화하고 점차 인도를 영국산 의류의 소비 시장으로 만들면서, 인도 내 면직물 생산 업체는 몰락의 길을 걷는다. 인도 침략의 선봉장인 동인도회사는 인도의 자체 생산을 억제함과 동시에 덤핑 등을 통해 인도 의류 시장을 독점한다. 결국 18세기 말, 인도는 의류 및 면직물 생산 기반이 완전히 붕괴되고 영국산 제품에 의존하는 국가로 전락한다. 이후 간디가 주창한 스와데시(Swadeshi) 운동도 이러한 아픈 역사를 배경으로 한다.

한국 기업들은 이런 역사적 배경에서 여타 국가의 다국적기업들과는 차별되는 독특한 지위를 누린다. 식민 통치라는 불행한 역사를 공유하고 있다는 점이 긍정적으로 작용한다. 예를 들어 현대자동차가 인도 시장에서 선전하는 것은 현대차의 가격경쟁력과 우수한 품질 덕분이기도 하지만, 여타 다국적 자동차 기업이 인도 시장을 석권할 경우 이들 기업이 갖춘 기술경쟁력 이상의 정치 · 경제적 함의도 있다.

마지막으로, 중동과 같은 신흥 시장에서의 성공을 견인한 강인한 기업가 정신, 현지화에 능한 경영 노하우, 어떤 어려움에 직면해도 특유의 끈기와 근면성으로 이를 극복하는 정신력 등은 다른 다국적기업들과는 차별되는 한국 기업들이 가진 강점이다. 그렇지만 인도가 계속 발전하고 선진화되는 만큼 인도 시장 진출 모델을 보다 선진적이고 체계적으로 발전시켜 인도 시장의 변화에 발맞춰 나가는 지혜가 필요한 시점이다.

인도 시장
진출의 이면

　인도 시장에 진출할 때 고려해야 할 사항들은 매우 많다. 기본적으로 기업 활동과 연관된 인도 사회의 특이한 관습이나 상거래, 각종 규제와 관련된 대관 업무의 기본적인 특성을 이해하고 있어야 한다.

　고려할 사항은 첫째, 인도 경제는 여전히 사회주의적 특성이 많이 남아 있다는 점이다. 둘째, 오랜 기간 식민지 지배를 거쳤기 때문에 기본적으로 외국인과의 거래를 의심하는 경향이 있다는 점이다. 사실 한국인에게 이 두 가지 사항은 그다지 낯설지 않다. 자유민주주의하에 있지만 한국 사회는 개인주의보다 단체주의적 특성이 강하므로, 사회 전반에 걸쳐 정부의 관여가 다른 국가에 비해 많은 편이기 때문이다. 인도의 사회주의적 경제체제와 한국 사회 전반에 영향을 미치는 단체주의적 성향은 일맥상통하는 부분이 있다. 한국이 일제 치하에서 겪은 아픈 역사는 여전히 한국 사회의 국수주의적 · 민족주의적 성향을 유지하는 원동력으로 작용한다. 한국에 진출해서 일정 수준 이상의 이득을 올리고 시장 지배력을 행사하는 외국 기업을 다소 곱지 않은 시선으로 보는 것도 같은 맥락이다. 인도 역시 한국과 마찬가지로 이와 같은 현상에 대해 유사한 경향을 보인다는 점이 흥미롭다.

　인도 경제가 가지는 사회주의적 특성은 곳곳에서 쉽게 접할 수 있다. 정부가 관여하는 공공 분야에서의 규제와 간섭은 개인이나 기업의 자유로운 경영 활동을 제약한다. 용지 확보, 전력 및 수도 개설, 영업 허가, 환경 및 안전 인가 등 모든 분야에 걸쳐 촘촘하게 정부가 개입하고 규제한다. 이러한 규제의 배경에는 인도 경제가 1990년 이전까지만 해도 사회주의적 경제체제를 유지해 왔다는 사실이 깔려 있다. 당시 중앙 행정 부처로 석유부, 섬유부, 철강부, 석탄부 등 공산주의 국가에서나 봄 직한 각 산업별 소관 부처가 존재했다는 점에서 인도의 사회주의 경제의 잔재를 찾을 수 있다. 이러한 제도적 부분뿐만 아니라 기업은 사회의 일부분이며 사회에 이익 일부를 환급해야 한다는 암묵적인 압력과 공공 분야에 걸쳐 폭넓게 존재하는 부패 등도 인도 사회에 남아 있는 사회주의 경제 특징이다.

시장 진출에 앞서 관공서로부터 발급 받아야 하는 각종 인허가 외에도 정부가 개입하는 부문은 다양하다. 정부가 운영하는 공기업, 각종 공영사업, 방위산업은 물론 정부 부처에 각종 물품을 납품하는 사업 역시 전체 인도 경제에서 차지하는 부분이 상당하다. 이렇게 정부가 관여하는 사업은 시장 점유율을 얼마큼 확보했는지에 따라 시장지배력이 결정된다. 따라서 외국 기업이 우수한 기술력과 자본력을 갖춰 인도 시장에 진출해도, 공공 영역에서의 점유율은 엄연히 관공서와의 네트워킹을 확보한 인도 기업이 유리하다. 인도 기업은 관공서와 관련된 다양한 영역에서 정보를 미리 확보하여 선제 대응하는 방식으로 유리한 입지를 다질 수 있기 때문에, 이러한 '커넥션' 없이 단순히 기술력과 자본력만 가진 업체가 인도 시장에서 버티는 데는 한계가 있다.

영국의 지배하에서 식민 통치의 고통을 겪은 인도로서는 외국 기업이 인도 내에서 영업이익을 누리는 것에 불편한 감정이 드는 건 어쩔 수 없다. 영국의 식민 통치 시절 값싼 영국산 섬유제품과 공산품이 인도로 대대적으로 수입되었는데, 인도인들은 비싼 가격을 치르고 이들 제품을 소비할 수밖에 없었고, 이 과정에서 직간접적으로 경제적 수탈이 발생하였다. 결국 인도 섬유산업 및 다수의 상업 및 제조업 업체가 몰락의 길을 걸었다. 오늘날 인도는 13억 명의 인구를 자랑하는 경제 대국으로 거듭났지만, 이 거대 시장을 노리고 외국 기업들이 적극적으로 시장에 진출한다면 이들에 대해 견제를 하지 않을 수 없다. 진출의 형태가 단순 수출일 경우 시장 잠식에 대한 경계심이 크지만, 인도에 공장을 세워서 현지에서 생산하는 경우 비록 기술은 외국의 것이지만 제품은 인도산이기에 거부감이 상대적으로 덜하다. 삼성, LG, 현대자동차 등 한국 기업들이 인도에 공장을 세우고, 현지 노동자를 고용하여 제품을 직접 생산하는 방식은 인도 시장 진출의 모범 사례로 통한다.

인도 경제가 자유시장주의를 근간으로 하지만 민족주의와 국가 안보가 큰 영향을 미치고 있다는 점도 눈여겨봐야 한다. 예를 들어 중국 하이얼(Haier)의 제품은 전 세계 백색가전 시장에서 최고의 점유율을 자랑하지만 막상 인도에서는 존재감이 크지 않다. 이는 높은 관세율로 인해 중국산 제품을 인도에 직수출하는 것이 불가능하다는 점도 있지만, 중국에 대한 인도의 견제 의식도 작용한 결과이다. 인도 입장에서는 한국 기업이 인도 시장으로의 진출을 확대하더라도 자국 안보에 미치는 영향은 거의 없다. 그러나 중국은 강대국 중 하나로서 국가 안보에 미치는 영향이 적지 않다고 판단하기 때문에 중국 기업에 대한 견제가 암암리에 작용한다. 그렇지만 이미 중국의 경제적 위상이 상당한 수준에 이르렀고, 샤오미(Xiaomi) 같은 제품은 인도 내에서 경쟁력을 인정받고 있음을 고려할 때, 앞으로는 이전과는 다른 양상으로 인도와 중국 간의 경제협력 관계가 전개될 것으로 보인다.

인도는 경제 발전을 위해 자국 내 외국 기업의 진출이 필수 불가결하다는 측면을 인정한다. 1990년대 이후부터 지속적인 개혁개방 정책과 이를 이행하기 위한 친외국 기업 투자유치 정책이 이를 증명한다. 그러나 인도 정부와 민간 섹터가 모두 공감하는 부분은, 인도 시장에서 성공한 외국 기업은 13억 명의 거대 소비자들에게 엄청난 수익을 누렸기 때문에 어느 정도 대가를 치러야 한다는 것이다. 인도인에게 이러한 대가는 각종 조세의 소급적용 부과, 기업의 사회적 책임(CSR)에 따른 각종 사회봉사 활동의 의무, 그 밖에 다양한 형태의 부과금 납부 의무 등의 형태로 나타난다. 인도인의 입장에서는 충분히 이해가 가지만, 자유로운 시장 경쟁만을 예상하고 인도에 진출한 수많은 기업들의 입장에서는 적잖이 놀랄 수밖에 없는 대목이다.

인프라의
한계와 극복

잘 뚫린 고속도로망, 저렴하고 안정적으로 공급되는 전력, 손쉽게 구할 수 있는 공업용수, 물자 수송을 책임지는 도로, 철도·항만과 같은 물류 관련 사회기반시설 등은 공장을 설립하고 물건을 만드는 데 필수적으로 수반되는 주요 요소들이다. 좋은 아이디어와 생산 노하우, 그리고 이를 현실로 구현하는 데 필요한 자본을 확보했다면 그다음으로는 인프라의 구비 여부가 결정적 요소로 작용한다. 더욱이 공장을 지으려는 장소가 외국일 경우 더욱 그렇다. 거대 소비 시장은 물론 사회기반시설이 잘 갖춰진 중국이 가장 대표적인 예다. 만리장성, 대운하 등 세계적으로 둘째가라면 서러울 정도로 사회기반시설에 대해서는 도가 튼 국가가 중국이다. 1980년대 개혁개방을 실시한 이래 인프라 투자를 꾸준히 해 온 중국은 이제 세계적으로 인프라가 가장 잘 구비되어 있는 나라로 손꼽히고 있으며, 실제 외국 기업들도 중국의 인프라 여건이 우수하다는 데에 이견이 없다.

이런 중국과 비교하여 사회기반시설 구축에 있어 극단적인 반대 성향을 보이는 국가가 바로 인도다. 수천 년간 중앙집권적 정부 형태를 유지했던 중국은 수도인 장안이나 북경을 중심으로 잘 정비된 도로망과 통신망을 갖추는 것이 필수적이었고, 이를 통해 중국 전역에 황제의 통치권을 강화하였다. 그러나 인도의 경우 무굴제국 시대 이전에는 수많은 왕국들로 분열되어 있다 보니 중국과 같은 중앙집권적 기간망 수립을 위한 동기 자체가 없었고, 종교 중심의 생활로 인해 도로나 항만보다는 사원과 묘지, 탑 등을 건축하는 데 무게를 두었다.

인도의 열악한 인프라는 인도의 경제 발전을 저해하는 가장 큰 요인 중 하나이고, 해외투자 유치에도 걸림돌로 작용한다. 변변한 도로가 없어 여전히 철도에 의존해 물자를 수송하는데, 이마저도 영국의 식민 통치 시절에 건설해 놓은 낙후된 철도망에 불과해 수송 효율성이 낮다. 국도 역시 대도시 주변만 포장도로일 뿐 변두리로 나가면 도로 정비가 제대로 되어 있지 않아 대형 트럭이 다니기에 힘들다. 인도 남부의 최대 항만 도시인 첸나이에서 수도인 뉴델리까지 2천km인데, 이 구간의 물자 수송에 2주일이 넘는 시간이 걸린다는 사실은 인도의 도로망이 얼마나 열악한지를 잘 보여 준다.

인도의 인프라가 낙후된 이유에는 구조적인 요인이 크다. 인도도 매년 도로 정비에 필요한 예산이 배정되고, 여타 인프라 구축과 관련한 기획과 예산편성도 꾸준히 진행된다. 그러나 실제 집행에 들어가는 단계에서 자금 유용이 발생하고, 이행도 차일피일 미뤄지는 경우가 다반사다. 인프라에 대한 무관심은 인도 민주주의의 한계를 잘 보여 주는 대목이다. 도로가 낙후되고, 전기가 들어오지 않고, 수도 공급이 제대로 되지 않으면 이로 인한 피해는 사회적 취약 계층이 직접적으로 겪는데, 구청이나 행정 관료에게 민원을 신청하기는 쉽지 않다. 의회 차원에서 문제를 인지하고 바로잡으려 노력해도 일선에서 행정 업무를 담당하는 말단 공무원 선에서 일이 처리되니 시정 조치가 더딜 수밖에 없다.

전국적인 수준의 도로, 통신, 수도, 전선과 같은 기간망 구축이 낙후된 이유를 단순히 행정상의 난맥 탓으로만 돌릴 수는 없다. 인도는 단일국가이지만, 지방정부의 독립성이 강하므로 유능하고 추진력이 있는 중앙 행정 관료가 등장하여 전국적인 인프라 구축을 적극적으로 추진하더라도, 수많은 걸림돌에 직면하기 때문이다. 토지의 수용, 환경영향평가, 판차야트(panchayat)라고 불리는 일종의 지역협동조합으로 대변되는 지역 주민들의 설득, 지방정부와의 업무 협조 등 그 어느 것도 수월한 처리가 어렵다. 수백 년간 대대손손 농업에 종사해 왔던 지역 농민이 소유한 토지 위로 도로를 건설하거나, 땅속에 수도 파이프를 개설하는 작업조차 종교적 사유로 거센 반발을 감수해야 하고 기타 지역 주민이 제기하는 수많은 민원으로 사업이 중단되는 경우가 다반사다. 연방제도와 지방자치제도가 잘 발달되어 있는 미국조차 몇 개의 주(州)를 가로지르는 고속도로를 건설하기 위해서는 수년간 연방정부와 해당 주정부 간 협의와 조정을 거쳐야 하는 것을 감안하면 언어, 문화, 가치관 등이 모두 다른 인도 지방정부와 중앙정부 간 협의가 어려울 것이라는 점은 쉽게 짐작할 수 있다.

　이러한 어려움 속에서도 우리 기업은 인도에 성공적으로 진출해서 가전제품과 자동차를 만들고, 다양한 공산품을 생산한다. 도로, 통신, 수도, 전력 등 사회기반시설이 낙후된 인도에서 제품을 양산하는 자체를 기적으로 생각하는 사람도 많다. 자가발전기를 설치하고, 직접 비용을 들여 도로를 포장하고, 인도 노동자를 관리하면서 제품을 생산하는 것은 인도 사회를 제대로 알아야만 가능한 일이다. 결국 공공 부문에서 제공받지 못한 인프라를 민간 기업이 스스로 해결하는 방식이 인도 투자 진출의 성공 여부를 가늠하는 가장 중요한 노하우로 작용한다.

모디 정부가 2014년에 출범하여 가장 역점을 둔 분야가 바로 인프라다. 인도가 제대로 된 경제성장을 하기 위해서는 인프라 구축이 가장 시급하다. 모디는 총리가 되기 전 구자라트 주에서 주총리로 10여 년간 역임하면서 구자르트 주를 주변 지역과 연결하는 인프라 허브로 만들었으며, 해외투자 유치를 통해 인프라를 구축한 경험이 있다. 모디는 이런 자신감을 바탕으로 인도 전역에 대대적인 인프라 건설을 추진하고 있다. 모디 정부로서는 대규모 인프라를 구축하는 데 필요한 자본이 부족하기 때문에 해외의 금융 지원이 꼭 필요한 실정이다. 모디 총리가 지방정부에 인프라 구축 필요성을 유도하면서 양보를 얻어 내고, 외국인 투자자에게 인도 투자가 매력적임을 어떻게 설득할 것인지가 가장 큰 과제가 될 것이다.

인도인처럼 치장하기 좋아하는 민족이 또 있을까 싶을 만큼 현란한 무늬와 색깔로 꾸미는 것은 인도인의 삶 그 자체라고도 할 수 있다. 인프라가 부족한 인도에서는 중대형 트럭이 인도의 물류를 책임지는데, 인도의 열악한 도로 환경에 잘 적응한 차체와 함께 형형색색의 장식이 돋보인다.

중소기업 진출의 어려움

세계적으로 유명한 인도 상인과 그들의 상업적 수완을 생각하면, 인도인들은 하나같이 장사꾼 기질이 있고, 상거래 제도가 잘 갖춰져 있을 것으로 생각하기 쉽다. 실제로 인도의 구자라트 주나 뭄바이 지역 출신의 인도인들은 전 세계를 상대로 활발한 무역 활동을 하는 이들이 많고, 그들의 치밀하면서도 신뢰에 기반을 둔 상거래는 유대인들이나 화교 상인들과 비교해도 손색이 없을 정도다. 그렇지만 인도는 여전히 농업이 전체 생산의 절반을 차지하는 농업 국가이며, 제조업 분야도 대기업 위주로 운영될 정도로 중소 상인이나 제조업 계통 중소기업인에게는 척박한 비즈니스 환경인 것도 사실이다.

중소기업이 인도 시장에 진출하기 힘든 이유로, 우선 과도한 규제를 들 수 있다. 간단한 사업허가증을 받고 등록을 하려면 10개가 넘는 정부 기관으로부터의 인증을 받아야 한다. 사업허가증을 받더라도 그다음부터는 사업에 필요한 전력, 수도, 도시가스와 같은 공공서비스를 공급받기 위해 일련의 허가를 추가로 받아야 한다. 또한 허가가 나도 서비스를 공급받는 과정에서 발생하는 각종 문제점은 성공은 고사하고 제대로 사업을 개시할 수 있을지를 고민하게 한다.

수많은 행정 규제는 인도가 여전히 사회주의 경제체제의 단면을 유지하고 있음을 보여 준다. 인도는 세계 최대 민주주의 국가라는 명성과 함께 13억 명의 거대 시장, 인도인 특유의 자유분방한 혁신 마인드를 자랑한다. 그러나 한 꺼풀만 벗겨봐도 실제로는 인도 사회에 내재된 촘촘한 인적 네트워크와 공공 부문의 우월한 지위가 엮어져 중소기업의 비즈니스 활동을 어렵게 만든다. 중소기업이 성공하기 위해서는 소비자가 직접 제품과 서비스를 평가할 수 있는 자유경쟁시장, 공정한 가격경쟁, 시장을 왜곡하는 정부 부문의 개입 최소화 등의 조건이 필요하다. 인도 경제는 이러한 여건이 여전히 열악하고, 정부가 어떤 형태로든 개입하고 관여하는 경우가 많기 때문에 궁극적으로 인도 정부와 연결 고리가 없는 중소기업이 제품을 판매하고 사세를 확장하는 데는 어려움이 많다.

이렇듯 인도 진출에 있어 대기업이 중소기업보다 훨씬 유리하다는 점은 명약관화하다. 대기업은 자금력을 갖추고, 공공기관과 연계해 줄 중간 에이전트를 고용하여 고위급 인사들과 네트워크를 형성해 각종 허가 과정에 소요되는 기간을 최대한 단축할 수 있는 노하우를 발휘한다. 더욱이 공공기관 납품이나 공공부지 정보, 행정 규제를 면제 받는 요령 등은 대기업이 중소기업에 월등한 경쟁우위를 갖도록 한다.

그러나 과도한 수준의 정부 규제나 대기업의 경쟁우위를 제쳐 놓고, 중소기업이 제조업 분야에서 인도에 진출하는 데 가장 큰 걸림돌이 되는 것은 유통 문제다. 새로운 제품을 만드는 혁신적인 중소기업이라도 소매시장 진출 경로가 워낙 제한적이다 보니 인도 소비자에게 상품을 소개하고 판매하는 일이 쉽지 않다. 인도에서 백화점이나 쇼핑몰은 아직 초기 단계로, 대부분 유통이 구멍가게식 소매 점포에서 이뤄지기 때문에 이미 검증된 제품만 소비자에게 노출될 뿐 새로운 제품이 소매 점포에 납품하기는 대단히 어렵다. 인도에서 삼성이나 LG 같은 대기업 제품은 직판점에서도 판매하고 인지도가 높아 일반 거래처에서도 취급하지만, 중소기업의 제품을 군소 소매 점포에서 판매하기에는 리스크가 높기 때문에 대부분 취급을 꺼린다.

더구나 전국적인 교통과 도로망이 제대로 정비되어 있지 않아 상대적으로 물류망이 발달한 뉴델리, 뭄바이, 첸나이, 벵갈루루와 같은 대도시와 수도권을 중심으로만 거래가 이뤄지는 점도 중소기업에는 한계로 작용한다. 가장 이상적인 상황은 뉴델리나 제조업과 친화적인 지역에 작업장을 설립하고 이를 중심으로 인도 전역에 상품을 공급하는 것이지만, 열악한 교통망은 물론이고 문화적·인종적·언어적 차이로 지역마다 격리되어 있음을 고려할 때, 특정 지역에서 인기 있는 제품이 다른 지역에서는 팔리지 않을 수 있다는 점도 인도 시장이 가진 제약 중 하나다.

따라서 인도 시장을 공략하기 위해서는 13억 명이라는 거대 시장만 볼 뿐만 아니라 북부, 남부, 동부, 서부, 중부 등 인도의 각 지역별 특성을 잘 고려해서 어느 한 지역에 특화된 전략을 구사하는 것이 바람직하다. 그러나 사실 이 정도의 역량을 갖춘 중소기업은 드물기 때문에, 결국 대기업 위주로 경제가 발달할 수밖에 없는 것이 인도의 현실이다. 인도 진출에 성공한 대부분의 외국 기업도 자본력과 마케팅 능력을 갖춘 대형 다국적기업이라는 점은 이러한 인도 경제의 특성을 잘 보여 준다.

열악한 유통망, 정부의 규제, 대기업의 횡포, 시장의 불투명성 등 인도 시장의 문제점을 중소기업이 극복하기 위해서는 좋은 제품을 소비자에게 직접 소개하고 다가가는 전략을 취해야 한다. 이를 위해 기성세대보다는 6억 명에 달하는 인도의 신세대를 공략할 필요가 있다. 인도의 신세대들은 인터넷과 SNS 등을 통해 상당 부분 글로벌 소비자와 비슷한 취향을 보유하고 있으며, 기존의 경제 및 정치 질서를 부정하는 개인주의적 특성이 강하다. 그렇기 때문에 좋은 제품을 경쟁력 있는 가격으로 공급하면 외적 잣대를 들이대지 않고 순수하게 제품 그 자체로만 평가한다. 최근 온라인 마케팅만으로 인도 스마트폰 시장에서 선두권으로 진입한 중국의 샤오미가 대표적인 예다. 한국 중소기업 역시 다양한 IT 플랫폼을 통해 소비자에게 직접 다가가 점차 브랜드와 제품에 대한 인지도를 높여 인도 시장을 공략하는 방법이 바람직하다.

인도 특색의 자본주의

　인도 경제를 크게 두 가지 측면에서 접근할 수 있다. 하나는 제2차 산업인 제조업 분야로 대기업을 중심으로 구성되어 있는데, 정부와 긴밀한 협력 관계에 있는 것이 특징이다. 또 하나는 제3차 산업인 서비스 분야인데, 인도가 자랑하는 IT 분야가 대표적으로, 수출을 견인하는 효자 산업이다. 인도 중남부의 벵갈루루에서 쉽게 접할 수 있는 콜센터가 이 분야의 상징 산업으로 지금은 콜센터뿐만 아니라 세무, 회계, 법률, 금융 등 다양한 분야의 서비스를 제공하는 고부가가치 산업으로 전환되고 있다.

　인도 제조업이 대기업 위주로 구성되어 있다는 점은 매우 흥미롭다. 중국, 일본, 대만, 홍콩, 싱가포르 등의 나라에서도 대기업이 제조업을 선도하지만 그 배후에는 수많은 중소기업들이 포진하고 있어 대기업과 중소기업이 서로 상생하는 구도로 산업 생태계가 조성되어 있다. 그러나 인도는 변변한 중소기업이 존재하지 않고, 존재하더라도 대기업의 하도급을 받거나 부품을 제공하는 제2선, 제3선 협력업체 정도의 역할만 할 뿐 자체적으로 수출하거나 OEM 방식으로 외국에 진출하는 경우가 극히 드물다.

　인도 제조업의 실상을 이해하기 위해서는 1990년대 개혁개방 시대로 거슬러 올라가야 한다. 사회주의 체제의 인도에서 사업체를 차리려면 정부로부터 까다로운 절차를 밟아 허가를 받아야 했고 신제품 출시, 새로운 공장

설비 증설, 각종 인프라 구축 등 거의 모든 기업 활동에 행정관청의 허가 및 감독을 거쳐야만 했다. 더구나 각 산업별로 활동할 수 있는 기업의 수가 정해져 있어서 허가 자체가 큰 특혜였고, 이 과정에서 엄청난 부패가 양산되었다. 허가나 인가권을 가진 공무원과의 관계 유지가 큰 관건이었고, 이것이 기업 활동 가운데 가장 큰 비중을 차지했다. 소비자에게 양질의 제품을 공급해야 한다는 당위성은 독점기업에는 중요한 사항이 아니었고, 이는 지금까지도 인도의 경제 발전을 더디게 만드는 제약으로 작용하고 있다.

1990년대에 이르러 자유시장 경제가 도입되고 정부의 규제가 풀리면서 공정한 경쟁이 가능해질 것으로 여겨졌지만, 실상은 그렇지 못하다. 많은 분야에서 규제가 해제되고 상당히 많은 외국 기업이 인도 시장에 진출한 것이 사실이지만, 여전히 정부가 쥐고 있는 규제 권한은 상당하고 예전부터 공무원들과 결탁한 인도 기업들이 우선적으로 혜택을 받는다. 정부의 규제가 큰 공공서비스 분야, 대규모 자본이 필요한 집약적 산업에도 정부와의 관계가 많은 영향력을 발휘한다.

인도에서 제조 업체를 운영하는 데 필요한 요건으로 공장 부지와 수도, 전력, 도로 및 철도 등 교통시설을 포함한 안정적인 인프라를 들 수 있다. 공장 부지를 확보하는 과정에 정부의 관여가 크며 인프라 분야에도 정부의 규제와 개입이 수반되기 때문에 공공서비스와 관계없는 순수 민간 분야도 궁극적으로는 정부와의 원만한 관계가 사업 성공의 필수 조건이다. 이렇듯 인도에서는 정부와의 관계가 안정적인 기업활동을 하는 데 필수 불가결하다 보니, 자연스럽게 대기업과 대기업의 보호를 받는 중소기업만이 온전한 기업 활동을 영위한다. 그 과정에서 자유경쟁보다는 정부를 등에 업고 인위적인 진입 장벽을 올리는 사회주의와 자유시장 혼성 경제체제가 구축되었다.

1990년대 민영화된 공공서비스 입찰 과정에서 친정부 기업이 우선적으로 선정되는데, 이들 기업은 당시 새롭게 도입된 자유시장 체제하에서 인도 경제를 선도하는 기업으로 탈바꿈한다. 가장 대표적인 통신 서비스 분야를 비롯하여 언론, 교육, 교통 분야에서 사업자로 선정된 기업들은 이후 초대형 기업으로 성장한다. 13억 명의 초대형 내수 시장 덕분에 사업자로 선정된 기업은 외국으로 눈 돌릴 필요 없이 국내 시장에만 집중해도 충분했다. 또한 워낙 시장 진입 장벽이 높기 때문에 기본 품질의 제품과 서비스만 제공해도 무리 없이 시장에서 지배적 지위를 차지하게 되었다.

인도의 경제체제 중에 또 한 가지 흥미로운 점은 인도에 진출한 외국 기업은 인도의 토종 기업과 직접적인 경쟁을 하지 않는다는 점이다. 한국 기업의 경우 가전제품에 있어 사실상 시장 독점적 지위를 향유할 만큼 시장지배력이 큰데, 여기에 대항하는 인도 경쟁 기업은 사실상 전무하다. 이는 한국 기업이 중국 시장에서 압도적인 우위를 차지하다가 점차 중국 토종 기업과의 경쟁에서 가격경쟁력은 물론 기술력에도 밀리기 시작하는 상황과 대조된다. 그 이유는 중국 기업은 대부분 중소기업으로 시작해서 차츰 대기업으로 성장했고, 그 성장 과정은 한국 기업과 마찬가지로 OEM 방식으로 외국에 수출하다가 점차 자사 브랜드를 구축해서 국외 시장과 국내 시장을 모두 공략했다는 점에 있다. 하지만 인도 기업은 이미 대기업 중심으로 재편된 데다가 국내 시장에 안주한 상태로 글로벌 경쟁력을 갖춘 외국 기업과의 경쟁을 꺼리는 구조가 만들어졌다.

반면 대규모의 건설 및 토목 사업이나 자본집약적 산업인 석유화학이나 자동차 같은 경우 정부보조금을 비롯해 각종 금융, 토지, 인프라 분야에서 자국 기업 우대 정책을 통해 가격경쟁력을 유지했다. 더 나아가 정부의 일감 몰아주기나 외국 기업의 시장 진입 금지와 같은 규제로 소수의 기업만이 승승장구하는 환경이 조성되었다. 이들 독점기업은 인도 소비자에게 기본적인 서비스나 제품을 제공하는 것만으로 연간 수십억 달러의 매출을 올린다.

인도의 기업 생태계를 이해하는 데 있어 정부의 영향력은 중요한 요소다. 앞으로 인도 경제가 더욱 도약하기 위해서는 정부의 경제 개입 축소는 당연하고, 자유로운 기업 활동이 이루어지도록 공평하고 투명한 경제체제의 구축이 시급하다. 이는 모디 정부가 역점을 두고 개선하고자 노력하는 부분이자 인도 경제가 계속 성장하면서 성과가 나타나는 분야이기도 하다. 이를 달성하기 위해서 실타래처럼 엮여 있는 기업과 정부와의 관계를 어떻게 풀어낼지가 가장 큰 숙제가 될 것이다.

인도에 진출한 한국 기업의
과거, 현재, 미래

　인도 시장에서 한국 제품에 대한 인지도는 상당하다. 냉장고, 텔레비전, 에어컨 등 웬만한 가전제품은 삼성이나 LG 제품이 압도적으로 많고, 시내 곳곳에서 현대자동차를 쉽게 접할 수 있다. 그러다 보니 인도 소비자들은 한국에 대한 호감도가 높고 한국 기업의 기술력과 가격경쟁력이 최고라고 서슴없이 칭찬한다. 한국 기업이 짧은 기간 안에 인도 시장에서 거둔 성공은 매우 드문 사례로 인도 시장 진출을 추진하는 많은 다국적기업들은 한국 기업의 성공을 부러운 시선으로 바라본다.

　한국 기업이 인도에 본격적으로 진출한 시점은 1990년대로, 냉전이 종식되고 사회주의 국가들이 시장을 개방하면서 새로운 초국경 기업 활동의 기회가 열리기 시작한 시점이다. 한국 기업은 1970~1980년대를 거쳐 20여 년간 대외 수출을 통해 국제경쟁력을 갖추기 시작했는데 미국, 서유럽, 일본계 다국적기업들이 이미 비공산권 국가들의 시장을 선점했던 터라 시장 진입 여건이 좋지 않았다. 그러던 중 1990년대 동유럽, 러시아 등 새로운 신흥 시장들이 대거 열리면서 한국 기업도 본격적인 해외 진출을 시작하는데, 인도도 그런 진출 대상 국가 중 하나였다.

　당시 인도는 척박한 기업 환경을 가진 국가로 악명이 높아 한국 기업의 인도 진출은 다른 투자 대상 국가들에 비해 상대적으로 관심을 덜 받았다.

또한 인도 입장에서는 미국, 서유럽, 일본 기업들이 인도 시장에 진출하면서 자국 시장이 점령당하는 것에 대한 부담감이 있었기 때문에, 이제 갓 국제적 인지도를 높여 가던 삼성, LG, 대우, 현대 등의 인도 시장 진출을 반겼던 부분도 있다.

한국 기업의 국제 시장 진출에 대한 열망과 인도 정부의 개혁개방 정책 하에 외국 기업의 투자 유치를 적극적으로 추진한 시점이 서로 일치했던 것은 한국 기업이 인도에 성공적으로 안착하는 데 결정적이었다. 그 후 한국 기업은 10여 년간 인도 각지에 공장을 설립하고 가전제품과 자동차를 본격적으로 생산하는 과정에서 많은 우여곡절을 겪었지만, 결과적으로는 큰 성공을 거둬 인도 시장에 확실히 자리 잡았다. 여기에 한국인 특유의 반드시 성공해야 한다는 헝그리 정신, 인도 시장 현지화 마케팅도 큰 몫을 하였다. 그리고 인도 특유의 기업 환경과 시장 여건이 한국의 1970~1980년대의 정부주도형 경제체제와 유사한 것도 한국 기업에는 많은 도움이 됐는데, 이러한 인도의 경영 환경이 낯설었던 미국, 서유럽, 일본 기업은 인도에서 고전을 면치 못했다.

2000년대 들어 인도에서는 외국 기업의 시장 진입을 거부하는 분위기가 조성되었다. 그 덕분에 1990년대에 인도 시장에 성공적으로 안착한 외국 기업들은 새롭게 진출한 기업을 견제하면서 시장 점유율을 계속 올리는 특수를 누렸다. 인도 토종 기업들이 제조업 분야에서 국제적 수준의 경쟁력을 갖추지 못했던 까닭에 10여 년간 인도 시장에서 성공적으로 적응한 한국 기업들은 그간에 투자한 노력의 결실을 거두게 된다. 이렇듯 인도 특유의 경제 환경을 마스터하고 수익을 거두는 경우를 '인디아 프리미엄'이라고 부르는데, 주식시장에서 해당 기업의 시장가치를 통해서도 증명된다. 가전제품 분야의 경우 2000년대 초부터 중국 기업이 본격으로 세계시장에 진출함에 따라 한국 기업이 점차 수세에 몰리는 것과는 달리 인도 시장에서만큼은 중국 기업과의 경쟁을 피하면서 확고하게 시장 리더로 자리 잡았다.

한국 기업의 인도 시장 진출은 대기업 중심으로 이뤄졌는데, 한국에서 만든 제품을 인도로 수출하는 것이 아니라 인도에 공장을 건립하고 현지 노동자들이 조립하는 '메이드 인 인디아' 제품을 인도 내에 판매하는 방식의 비즈니스 모델을 추구한다. 그러다 보니 대기업을 중심으로 부품 및 기자재를 공급하는 협력 업체 공장까지 인도에 진출하는, 한국 특유의 선단(船團)형 투자모델로 성공을 일궈 낸 것이 특징이다. 첸나이에 진출한 현대자동차가 대표적인 사례인데, 현대차 생산 공장을 중심으로 제1선 및 제2선 협력 업체까지 모두 진출해 있어 마치 울산의 현대자동차 공단 같은 대형 제조업 공단을 첸나이에 그대로 옮긴 것처럼 보인다. 이렇듯 대기업을 중심으로 한 인도 투자 진출은 점차 그 규모를 키워 감으로써 인도 정부로부터 지속적인 세제 및 인허가 혜택을 받았다. 대관 업무를 비롯해 인도에서 발생하는 여러 문제들을 한국인 특유의 유연하고 기민한 대응으로 하나둘 극복해 나갈 수 있는 협상력을 구축하였고, 이러한 투자 전략은 인도 내에서 한국 기업의 위상을 확고히 확립하는 근간이 되었다.

앞으로도 인도 경제는 계속해서 성장할 것으로 전망되고, 13억 명에 기반을 둔 소비 시장 진입에 실패하는 기업은 글로벌 경쟁력을 갖추지 못하게 될 정도로 세계 무대에서 인도 시장의 비중은 점차 커지고 있다. 대부분의 한국 대기업이 인도에 진출해 있는 상황에서 앞으로의 인도 시장 공략 방식은 크게 수출, 해외직접투자, 서비스업 진출 등을 들 수 있다. 완제품 수출의 경우 50%가 훌쩍 뛰어넘는 고관세 장벽이 문제가 되는데, 인도는 전통적으로 대외 개방에 부정적인 입장이기 때문에 단기간 내 인도 관세가 떨어질 가능성은 작다. 제조업 이익 마진이 통상적으로 5% 내외인 점을 고려할 때 50%에 달하는 관세율은 사실상 인도에 완제품 수출을 불가능하게 만든다. 다만 한국의 경우 인도와 포괄적경제협력동반자협정(CEPA)을 체결해 놓아 다른 국가들보다 여건은 다소 나은 편이지만, 인도의 대외 개방도는 매우 낮아 수출로 인도 시장에 진출하기엔 부담이 따른다.

해외직접투자의 경우 중소기업이 추진하기에는 많은 부담이 따른다. 인도의 수많은 규제를 극복해야 하는 데다가 자금 규모가 제한적인 중소기업의 입장에서는 투자 진출 시 상당한 리스크에 직면한다. 다행히 1990년대부터 대기업을 중심으로 형성되어 온 산업 클러스터(cluster)가 조금씩 인도의 주요 도시 근교에 터를 잡기 시작하고, 이를 바탕으로 기업 활동에 필요한 하드웨어, 소프트웨어, 노하우들을 공유하는 비즈니스 생태계가 태동하고 있다. 이러한 자연발생적 클러스터와 더불어 새롭게 출범한 모디 정부의 친기업 정책이 본격화되면 기술력과 외국 시장 진출의 의지를 가진 많은 중소기업들이 13억 거대 시장을 목표로 인도 시장 진출을 추진할 만하다.

인도인의 채용

19세기에 들어서 영국이 명실공히 세계 패권국으로 군림하는 과정에 가장 크게 공헌한 민족은 아이러니하게도 인도인이다. 영국인 특유의 실용주의와 현실주의가 인도인의 충직함, 꼼꼼함과 결합하면서 영국-인도 콤비를 구성해 전 세계를 누볐다. 식민지 개척 과정에서 영국군은 인도 북부 펀자브인과 함께 막강한 전투력을 발휘했고, 아프리카와 동남아시아의 식민지 운영 시절 남부와 동부 열대 지역의 인도인들을 중간 관리층으로 삼아 효과적으로 식민지 토착민들을 관리했다. 제1, 2차 세계대전 때는 영국군 편에 서서 백만 명에 달하는 인도군이 참전하여 혁혁한 전공을 세웠다. 이렇듯 식민지 지배국과 피식민지 국민이 군대로 결합되는 경우는 세계사에서 찾아보기 드물다. 그러나 인도에서는 18세기 영국의 동인도회사가 인도에 진출하면서 세포이 용병을 고용했던 전례가 있을 만큼 보편화된 협업이었다. 이러한 영국인과 인도인의 관계 속에서 인도인의 실용주의성을 엿볼 수 있다.

21세기 들어 수많은 외국 기업이 인도 시장에 진출하여 13억 명의 거대 시장을 공략하기 위해 각축을 벌이고 있다. 한국 기업을 포함한 외국 기업들은 인도 각지에 공장을 설립하고 유통망을 구축하면서 다양한 마케팅을 통해 인도 소비자들의 관심을 끌려고 노력한다. 이렇듯 치열한 경쟁에서 앞서가기 위해 유능한 인도 현지인을 고용하거나 더 나아가 아예 현지 법인장을 채용하는 경우도 흔하다. 제국주의가 팽배하던 시대에 인도를 차지하기 위해 다투는 것처럼 시장 점유율을 놓고 경쟁을 벌인다는 점이 유사하다.

인도에 사업장을 만들 경우 다양한 분야의 현지인을 채용해야 한다. 공장 설립 시 생산 현장의 근로자를 포함하여 근로 관리자, 생산 현장 관리자, 서무, 경리, 보안, 일반 행정 등 다양한 부서별 인력이 필요하다. 만일 현지법인 본부를 설립할 경우 일반 회사와 마찬가지로 마케팅, 홍보, 기획, 대관 업무, 인사, 예산 등 각각 부서별 성격에 맞는 현지인을 채용해야 한다. 13억 명의 인구 대국답게 우수한 인재를 많이 보유한 인도에서는 각 분야별로 매우 낮은 인건비로 한국 명문대 졸업생 못지않은 역량의 인재를 구할 수 있다. 더욱이 25세 미만의 젊은이가 7억 명에 가까워 기업의 입장에서는 적합한 인재를 선별할 수 있는 여건이 갖춰진 셈이다.

인도에서 인재를 채용할 때는 업무 능력, 회사에 대한 충성심, 원만한 성품, 조직 생활 적합성, 창의성 외에도 고려해야 하는 특별한 요소가 있다. 그것은 출신 지역과 카스트다. 한국을 포함한 많은 국가에서는 지역 및 계층으로 차별하는 것을 법적으로 금지하며 사회적으로도 강력하게 규제하지만, 인도는 차별에 대한 고려 없이는 조직의 원만한 운영을 기대하기 어려울뿐더러 실제로 효율성 면에서도 많은 영향을 미친다. 출신 지역과 카스트를 무시할 수 없는 가장 큰 이유는 인도가 국가상으로는 단일국가지만 실제로는 수많은 민족, 문화, 종교, 언어 등이 어우러져 있는 연합체적 성격을 지니기 때문이다. 다른 국가에서는 지방색 정도로 취급될 특성이 인도에서는 각 지역 및 카스트별로 서로 다른 민족 간 차이만큼 확연히 구별된다.

　인도인 가운데 상업 방면으로 가장 으뜸으로 뽑는 사람은 단연 뭄바이를 중심으로 하는 중서부 지역 출신이다. 역사적으로 아라비아해를 사이에 두고 중동과의 교역으로 활성화된 상업 분야에 오랫동안 종사해 왔기 때문에 인도인 특유의 꼼꼼함은 물론 상업의 기본인 신뢰 관계 구축과 이해타산에 매우 밝다. 실제로 회계, 경리, 세무 분야에서 중서부 출신 인도인이 많이 진출해 있는데 대기업으로 성장한 파르시(Parsi)나 구자라티(Gujarati) 커뮤니티가 대표적이다. 중서부만큼 남다른 재능을 보여 주는 지역은 타밀나두, 카르나타카(Karnataka)와 케랄라를 중심으로 하는 남부 지역이다. 중서부 인도인이 상술에 밝은 대신 깍쟁이 같은 성격이 다소 단점으로 부각되는 반면, 남부 인도인은 명석하면서도 온순한 성격으로 조직 생활에 잘 적응한다. 외국인들과도 무난하게 어울리고 정에 약한 한국인의 성격과도 통하는 부분이 많아서 실제 기업을 운영하는 데 있어 남부인들에 대한 선호도가 높다.

　그러나 실제로 인도 인력시장에서 중서부나 남부 지역 출신의 인도인을 접하기 쉽지 않은데, 이는 인도 인구의 가장 큰 비중을 차지하는 우타르 프라데시(Uttar Pradesh) 주, 비하르(Bihar) 주 그리고 펀자브 주 출신의 인도인들이 적극적으로 구직 활동을 하다 보니 인력시장에서의 노출 빈도가 여타 지역인들보다 훨씬 높기 때문이다. 남부를 제외한 인도 전역에서 이들의 비중이 가장 높으며, 어느 조직을 가도 북부인을 쉽게 접할 수 있다. 결국 현지 인도인을 채용하는 데 있어 꼼꼼함과 섬세함이 요구되는 부서에서는 중서부 또는 남부 출신 인도인을 채용하고, 나머지 일반 부서에서는 지역을 따지지 않고 사람을 고용해야 한다는 의미다. 이처럼 업무 성격과 출신 지역은 물론이고, 개개인의 특성도 충분히 고려해야 한다.

그다음으로 고려되어야 할 부분은 카스트다. 카스트는 상하 위계질서, 수평적 직능에도 사람을 구별하는 기능을 갖추고 있다. 외부인을 접대하는 카스트, 내부에서 회계장부를 맡는 카스트, 허드렛일을 맡는 카스트, 하다못해 커피를 나르는 카스트까지 존재한다. 이런 특성을 고려해 기업 활동을 하는 데 적합한 카스트를 적재적소에 배치하는 것은 운영의 효율성을 높여 준다. 예를 들어 많은 기관에서 외부인을 접대하는 인사들을 '샤르마(Sharma)'라고 일컫는데, '샤르마'는 중상위권 카스트로 위아래 여러 카스트를 넘나드는 자격을 인정받고 있어, 특히 외국인들이 흔하게 접하는 이름이다. 실제 성이 '샤르마'가 아닌 경우에도 이를 차용할 정도로 보편화되어 있다.

인도에서 카스트는 명목상 폐지되었으나 현실에서는 여전히 그 영향력이 막대하다. 그러나 자유시장 체제하에서는 이익의 극대화와 실적이 최우선시되다 보니 카스트가 상대적으로 위축되는 경우가 종종 발생한다. 많은 돈을 번 하층 카스트가 금전적으로 몰락한 상위 카스트를 부리는 경우도 어렵지 않게 접할 수 있다.

따라서 외국 기업의 경우 카스트를 기본적으로 존중하면서 실적주의와 충돌하지 않도록 운용하는 지혜가 필요하다. 기업 내부적으로 상무급 이상은 되도록 높은 카스트의 인도인을 배치하는 것이 좋다. 만약 리더십이나 직무 역량이 부족하다면 카스트의 구별 없이 능력 위주의 채용도 가능하다. 영업이나 작업장을 관리하는 분야에서는 능력주의를 우선시해도 되지만, 대관 업무나 외부인과의 네트워킹을 담당하는 분야에서는 중상위권 카스트의 인도인이 적합하다.

다양한 인도인을 한마디로 규정하는 것은 어렵다. 하지만 인력 운용의 기본은 인도인을 인격체로 존중하면서 대우하는 데 있다. 인격적으로 무시할 경우 인도인은 이를 금방 알아채기 때문에 원만한 인간관계 형성은 요원해진다. 인도인은 기본적으로 머리가 좋은 데다 카스트에 익숙해져 있기 때문에 자신들을 하대하거나 깔보는 것을 금방 알아챈다. 그리고 이런 대접을 받을 경우 상대방을 성의 없이 대하는 것은 물론이고 거짓말도 스스럼없이 한다. 하지만 인도인을 진정성을 갖고 대하면 협조를 구하기도 쉽고 따뜻한 인간관계 형성 또한 가능하다. 다만 한국인과 다른 점은 인격적으로 대하면서 동시에 일정 거리를 둬야 한다는 부분이다. 깍쟁이처럼 딱딱하면서, 따질 것은 따지는 자세가 오히려 인도인으로부터 우대 받는 지름길이다. 모호하거나 감성적인 태도로 대하면 똑똑하지 못한 사람으로 여기고, 이를 이용해서 자신의 이득을 챙기는 것을 당연한 권리로 생각하기 때문이다.

인도와 에이전트

인도 사회에서 에이전트는 필수 불가결한 존재다. 인도는 엄격한 카스트로 운영되는 나라이기 때문에 카스트가 규정하는 활동 범위를 벗어나는 경우 이를 대행할 사람을 필요로 하는데, 이러한 카스트의 부산물로 에이전트가 생겨났다. 카스트가 높을수록 본인 스스로 할 수 있는 일들이 제한되는데, 상위 카스트의 '분부'를 수행하도록 위아래 카스트를 모두 접촉할 수 있는 카스트가 따로 있다.

에이전트가 가장 주목받는 분야는 상거래 부문이다. 공장에서 소요되는 중간재나 소모품 구입과 같은 소소한 거래부터 인도 시장 진출을 타진하기 위한 정보 수집과 관련 인사 접촉 등 전방위 분야에서 에이전트가 등장한다. 이들은 해당 분야에 해박한 지식과 함께 광범위한 인적 네트워크와 노하우 등을 내세우면서 이에 대한 대가로 커미션을 요구한다. 경제학에 등장하는 "주인-대리인 이론"의 원천이 바로 이렇듯 현장에서 오고 가는 에이전트와의 흥정에서 유래한다. 인도에서는 오랫동안 유지되어 온 시스템으로 그 유용성을 인정받고 있다. 결국 어떤 에이전트를 어떻게 활용하는지가 관건인데 좋은 에이전트를 만나서 성공적인 결실을 본 경우도 많고, 반대로 사기를 당하는 경우도 비일비재하다.

21세기 들어 인도의 급격한 경제 성장은 수백 년 넘게 이어져 내려온 에이전트 제도를 새롭게 진화시키고 있다. "주인-대리인 이론"에서도 언급되는 정보의 비대칭성이 급격하게 감소한 것이 원인인데, 인터넷 보급과 전반적인 사회적 투명성 제고, 지식의 확대로 인해 예전에 에이전트들이 독점하던 정보들이 상당 부분 공개되었고, SNS를 통한 인적 네트워크 구축은 필요하다면 실시간으로 관련 정보를 확인할 수 있는 경로로 발전되었다.

결국 인도 시장 진출의 패러다임은 이전처럼 솜씨 좋은 에이전트의 독점적 인적 네트워크와 정보를 통해 이뤄지는 것이 아니라 법을 준수하고 제도화된 시스템에서 요구하는 절차들을 하나하나 밟아 가는 것으로 변화했다. 한국 기업은 1990년대 남다른 순발력과 성실함을 무기로 여느 다국적기업들이 일궈 내지 못했던 인도 시장 진출을 성공적으로, 그것도 단기간 내 달성했다. 문제는 2010년 이후 인도가 발 빠른 경제 성장을 하고 있고, 더욱 체계적인 경제 환경을 일궈 내는 현시점에서 과거 성공을 담보해 준 인도 진출 패러다임이 유효한지 여부다. 이렇듯 최근 인도 시장의 변화나 여타 경쟁 기업들의 약진은 우리 기업과 기업인들이 돌다리도 두들겨 보고 건넌다는 심정으로 관련된 법 절차를 꼼꼼히 따져야 하는 상황이 되었다. 소위 레드 테이프(red tape)로 불리는 정부의 과도한 규제 및 시장 개입에 대한 대응과는 또 다른, 계약 체결이나 법적 유효성을 확보하는 각종 상거래 분야에서 중요해졌다.

사실 인도 상거래에서 문서나 계약은 별로 중요하지 않다는 인식이 있지만, 이는 인도 상거래의 내막을 제대로 알지 못한 경우다. 인도는 한국과 마찬가지로 인적 관계가 무척 중시된다. 요즘은 덜하지만, 예전 같으면 웬만한 인적 관계를 믿고 계약 없이 거래하는 경우가 많았다. 인도는 카스트와 지연, 혈연이 얽혀 있어서 여러 경로를 통해 신용을 확인할 수 있고, 신용 확인 후 채무 불이행을 담보할 수 있는 인적 관계만 확보되면 계약 문서 없이 구두로 상거래가 이뤄진다. 그러나 사회가 복잡해지고, 경제 규모도 커지면서 단순한 인적 관계만으로는 계약 이행이 어렵게 되었고, 계약 문서는 인도인 특유의 꼼꼼함이 배가되어 점점 증가하였다.

사정이 이렇다 보니, 꼼꼼한 계약 체결과 법적 의무와 권리 확인, 그리고 관련 법 규정을 숙지하고 있음을 상대방에게 정확하게 인식시켜 주지 않으면, 오히려 거꾸로 피해를 당하는 경우가 종종 발생한다. 그렇기에 에이전트의 역할이 여전히 중요한데, 이때 에이전트에게 요구되는 덕목은 인적 네트워크보다는 법과 회계학 등 전문 분야의 지식이다. 그리고 경제 규모가 커지는 것에 부응하여 에이전트들도 법인화되어 몸집을 불리고 있다. 예를 들어 인도 최고의 법무법인인 아마르-찬드 만갈다스(Amarchand Mangaldas)나 인도 내 대표적인 다국적 컨설턴트 업체인 언스트앤영(Ernst & Young) 같은 기업형 에이전트 업체는 고도의 법률 소양 및 해당 분야에서의 전문성을 자랑한다.

언스트앤영 이사

장재원

장재원 jaewon.chang@in.ey.com
언스트앤영 한국데스크 법무부문 이사이자 해외투자 진출, 회사법, 국제 거래 및 분쟁 해결 분야 전문가로 한국 기업의 인도 시장 진출에 필요한 서비스를 제공하고 있다. 미국 로스쿨 법학학위(JD)를 보유하고 있으며, 뉴욕 주 변호사로서 주인도 한국대사관 선임연구원 및 인도의 최대 로펌인 아마르-찬드 만갈다스 한국데스크 총괄담당자를 역임했다.

엔트리(entry)와 엑시트(exit)

최근까지도 인도에서는 소송에 돌입하기 전에야 겨우 변호사를 찾았다. 기업 간 미수금 분쟁이 발생해 변호사를 찾을 경우 변호사가 의뢰인에게 처음으로 하는 말은 "계약서 좀 보여 달라"는 것이다. 제대로 된 계약서라면 상호 간의 합의 사항 및 분쟁 해결 방안이 문서화되어 있을 것이다. 하지만 의뢰인에게 돌아오는 답변은 계약서가 없다거나 계약서가 있다 쳐도 한쪽에 일방적으로 유리하게 작성된 계약서를 내미는 일이 많다.

분쟁을 최대한 예방하고, 분쟁 발생 시 리스크를 최소화하기 위해서는 계약 초기부터 법률 전문가에게 자문하는 것이 중요하다. 투자 시또는 계약서 협상 체결 시점부터 함께하는 엔트리 전문가로 인식하면초기부터 자문을 통해 손해를 미연에 방지할 수 있다. 최근 활발히 인도에 진출하고 있는 중국 및 일본 인프라 기업들은 변호사를 대동하여법적 타당성을 검토하고 리스크를 최소화하기 위해 노력하고 있다. 이렇게 자문을 통해 미리 문제를 예방하는 비용이 훗날 분쟁 발생 시 소요되는 비용에 비해 훨씬 저렴하다. 식민 통치의 영향으로 인도 기업은영국 기업의 마인드를 가지고 있기 때문에, 영국 기업을 상대한다는 마음으로 협상에 임하면서 꼼꼼히 살펴보는 것이 안전하다.

인도 진출에 앞서 한국 기업들이 검토해야 할 사항은 매우 다양하다. 최근 어떠한 분야에서 인도가 사업을 추진하고 있는지, 그에 따른 사업 타당성이 있는지 등 투자 여건을 검토해야 하고, 해당 부문에 외국인 직접투자를 제한하고 있는지, 얼만큼의 혜택이 있는지 등 인도의 외국인 직접투자 정책을 주의 깊게 살펴봐야 한다. 그런 다음 법인을 설립할지, 프로젝트오피스를 설립할지를 고려하고, 어떠한 모델과 계약 관계로 투자할지를 준비해야 한다. 그리고 상사 협상 및 계약서 작성을 통해 법적 책임의 범위를 확인해야 한다.

한국에서 기업인들이 중요하게 여기고 살펴봐야 할 법은 상법이다. 한국에서의 상법은 민법의 특별법으로서 총칙편, 회사편, 어음수표편, 보험해상편 등으로 나눠지며, 그중에서 회사의 설립, 조직의 운영 및 청산 등 기업 활동 전반에 관한 제도적 기반을 제공함으로써 회사의 기본적인 법률 관계를 체계적으로 규율하는 법이 회사법이다. 한국에서 기업 활동을 통한 국가의 경제 발전에 있어 회사법의 역할은 실로 막대하다. 인도에서는 회사법(Companies Act)이 한국 기업과 가장 관련이 깊다.

인도에서 회사를 운영하려면 법인을 설립하고 세금만 잘 내면 된다고 단순하게 생각할 수 있다. 하지만 회사를 운영하는 데에는 회사법이 규정하고 있는 사항, 즉 준법 경영의 의무를 중시해야 한다.

인도 기업 경영진에 의한 부정부패와 무책임은 50년 이상 기업 법제의 근간이 되어 왔던 회사법이 더 이상 급변하는 산업 환경과 복잡한 이해관계자의 이익 충돌 문제에 대하여 효율적으로 대응할 수 없다는 사회적 공감대를 형성하였다. 그 결과 정부 주도로 기업과 관계된 다양한 이해관계를 규율하기 위한 기업지배구조의 개혁안으로서 2013년 회사법이 개정되었다. 구시대적 법제가 전면 개편되면서 이사회의 역할과 책임 강화, 주주 이익 보호 및 공시제도 개선을 주요 골자로 하는 새로운 회사법 체제 아래서 우리 기업인들의 책임을 간과해서는 안 된다.

한국 기업의 인도 법인 이사들 대다수는 한국인이다. 따라서 한국인 이사들은 자신의 의무와 책임에 대해 정확하게 숙지하고 있어야 인도에서 기업 활동으로 인해 제소당할 위험을 미연에 방지할 수 있다. 또한 인도의 노동 관련 법률 등 세부 법률은 한국에 비해 매우 방대하다. 한국과는 달리 인도는 중앙법과 주법이 따로 있는데, 노동법은 중앙법과 주법이 함께 적용되기 때문에 관련 법률이 매우 많다. 영미권의 판례법 시스템을 가진 인도에서는 법원 판례도 일차적인 법 원칙이 적용되므로 어떤 법이 관련 있는지 혼동이 올 수 있다. 이렇듯 인도에서 사업체를 운영할 때 관리해야 할 사항이 무척 많고 복잡하기 때문에, 자문할 전문가를 확보해 지속적인 도움을 받아야 한다.

그동안 인도는 후진국이라는 이미지와 함께 기업인들에게 브로커를 통해 뇌물로 모든 문제를 해결할 수 있다는 잘못된 인식을 오랜 기간 심어 주었다. 하지만 모디 총리의 집권 이후 부패 방지를 위한 정부 노력이 매우 빠르게 실현되고 있다. 따라서 이제는 뇌물로 어지간한 문제는 해결할 수 있다는 구태의연한 생각을 버려야 한다.

언스트앤영 이사
장재원

인도의 로펌

얼핏 법과는 멀어 보이는 인도지만, 변호사 자문 활용은 이미 보편화되어 있으며, 인도의 대형 로펌들도 세계적인 수준을 자랑한다. 한국과 마찬가지로 4~5곳의 로펌들이 아시아에서 탑 50위권 안에 들고, 최대 로펌의 규모도 한국과 비슷하다. 사실 중요한 것은 로펌의 규모보다는 로펌에서 지정되는 파트너 변호사 및 실무 변호사들의 실력이다. 대형 로펌이라는 것만 믿고 비싼 수임료를 주고 자문을 맡겼다가 외국 기업을 뜨내기손님으로 보고 경험 없는 변호사 팀에게 사건이 배정되는 경우가 왕왕 발생한다. 따라서 대형 로펌보다 중소형 로펌 가운데 성심껏 전략을 짜 주는 변호사가 훨씬 나은 결과를 얻는 경우가 많다. 더욱이 대형 로펌의 경우 파트너 변호사 간 고객 유치 경쟁이 치열해 오히려 법률 서비스가 떨어지는 경우도 많다.

인도에는 선임고문(senior counsel)이라고 불리는 선임 변론전담 변호사가 있다. 판사 앞에서 변론을 전담하는 변호사들인데, 지명도가 높은 변호사의 경우 한 차례의 변론 참석에 수임료가 3천만 원을 호가하는 경우도 흔하다. 주로 전직 장관이나 법관 출신의 변호사들이 그러한데, 이는 전관예우가 인도에서는 당연한 권리로 인식되기 때문이다. 기업들은 중요한 사건의 경우 로펌을 선임하여 전략을 짜고, 법원에 제출하는 소장이나 서면자료 등을 작성하게 한다. 그러나 변론에는 전관 출신의 변호사를 별도로 선임하는데, 이들 변호사는 로펌 변호사로부터 사건에 관한 설명을 듣고 재판장에서 변론을 도맡는다. 이렇듯 인도 내

법률 서비스 형태와 관점이 우리나라와 상이한 부분이 많기 때문에 전략을 세워 인도 실정에 맞는 자문을 제공하는 전문가가 필요하다.

아직 인도의 법률 시장이 개방되지 않은 탓에 어쩔 수 없이 인도 현지 로펌이나 변호사의 도움을 받아야 한다. 경우에 따라서는 비싼 비용을 들여 한국 로펌이나 외국계 로펌을 통해 인도 로펌의 관리 업무를 맡기는 일이 발생하기도 한다. 다만 법률 자문 서비스를 로펌이 아니라 컨설팅 회사로부터 받을 수도 있는데, 예를 들면 글로벌 회계 컨설팅사인 언스트앤영이 제공하는 법률 자문이 대표적인 사례다. 결국 인도에서 법률 서비스를 받을 때는 업체가 처한 상황에 맞게 자문 기관을 선별하는 작업이 필요하다.

언스트앤영 이사

장재원

CSR의 법제화

2013년 인도는 1956년에 만들어진 낡은 회사법을 전면적으로 개정하면서 기업의 지배 구조와 비즈니스 환경 선진화를 도모하였다. 그 개혁 가운데 가장 눈에 띄는 조항이 기업의 사회적 책임 활동 보고 및 지출을 강제화한 CSR(Corporate Social Responsibility) 조항이다.

순자산 50억 루피 또는 연간 총매출 100억 루피, 순이익 5천만 루피 중 하나라도 해당하는 기업에 한해 순이익의 2% 이상을 CSR에 사용해야 한다는 의무를 부과하는 것이 주요 골자다. 세계 최초로 기업의 CSR 활동을 자발적인 것이 아닌 법적 의무로 제도화한 점에서 의미가 크다.

인도에서 성공적으로 정착한 기업들은 소위 인도 프리미엄을 누린다고 한다. 시장 진입은 어렵지만 진입에 성공만하면 여느 시장에서 누리는 수익률을 상회하는 이윤을 거둘 수 있다는 뜻인데, 상장 기업들의 주가를 분석하면 프리미엄이 도출된다고 한다. 경제적으로는 일종의 지대(rent)로 해석할 수 있는 개념인데, 인도 경제 특성상 해당 기업들이 치러야 하는 비공식 비용이 다른 국가에 비해 상당하므로 반대급부로서 인도 프리미엄이 정당화된다. 결국 CSR의 법적 의무화는 인도 프리미엄을 누린 업체에 부여하는 또 하나의 구상권으로 볼 수 있다.

또한 인도는 사회주의적 경제 요소가 여전히 강하게 자리 잡고 있어 기업 활동에서 이익 창출의 극대화보다는 기업을 사회의 일부분으로 보고 공익성을 강조하는 측면이 있다. 간디의 신탁사상 역시 기업은 인도의 경제 발전에 기여하여야 한다는 사회적인 신념을 공고히 하였다. 독립 초기에 시작된 사회주의의 영향으로 국가 주도의 사회주의 경제 모델은 근로자, 지역사회 등의 공익 증진을 의무화하는 방식으로 기업의 공공성을 요구하였고, 각 기업은 CSR 모델을 발전시켜 왔다. 즉 인도식 CSR은 미국이나 유럽에서 자발적으로 지역사회의 발전에 기여하고 기꺼이 참여하는 형태와 달리 일종의 윤리적 의무로 접근한다는 점에서 근본적인 차이가 있다.

이러한 인도식 CSR에 대한 이해를 바탕으로 인도에 진출한 한국 기업들은 특정 CSR 활동이 인도법 기준에 부합하는지를 꼼꼼한 따져봐야 한다. 다시 말해 어떠한 CSR 사업에 얼마를 어떻게 지출해야 하는지, 누가 사업을 주도하며, 보고는 어떻게 해야 하는지 등을 고려해야 한다. 선의의 마음가짐으로 자선사업처럼 큰 비용을 지출하고도 인도법상 CSR로 인정받지 못하는 경우가 상당히 많다. 예를 들어 직원 및 가족에 대한 복지는 CSR 활동에 포함되지 않는다. 기부 및 후원도 일회적인 것이라면 제외되고, 기업의 이익을 창출하는 통상 사업으로 평가되는 경우에도 CSR 활동으로 인정되지 않는다. 또한 CSR 활동은 반드시 현금으로 지출되어야 하며, 현물출자는 인정되지 않는다. 이를 테면 제과업체가 과자를 한 트럭분 기부하면서 사진을 찍는 형식의 기부 활동은 인도에서는 CSR로 인정받지 못한다. 사원들이 주말에 솔선수범해서 양로원이나 보육원 등에서 봉사활동을 하는 것도 CSR 활동으로 인정되지 않는다.

인정은커녕 오히려 제재를 당하는 경우도 발생하기 때문에 인도의

2017년도 인도 내 주요 분야별 CSR 활동

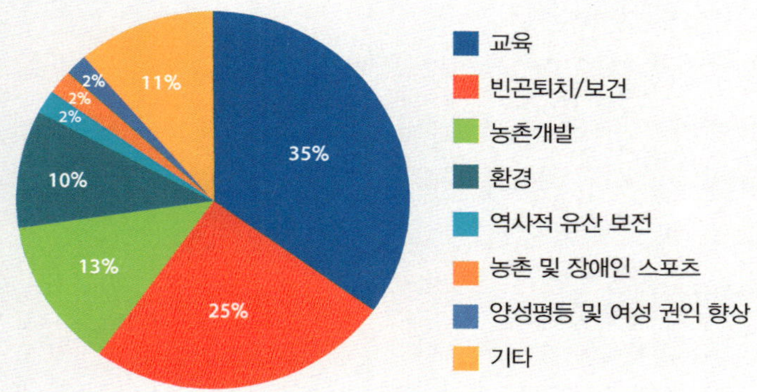

출처: CSR Outlook Report, 2017

CSR 활동에는 주의가 필요하다. 예를 들어 이사회 보고서에 CSR 정책이 상세히 기재되지 않은 경우 기업에 5만 루피 이상 250만 루피 이하의 벌금이 부과될 수 있고, 임원 또한 3년 이하의 징역형이나 5만 루피 이상 50만 루피 이하의 벌금형에 처할 수 있다. 지출의무 불이행 시 보고서에 그 사유를 명시해야 하며, 사유를 명시할 경우 의무 불이행에 따른 직접적인 제재는 없으나 시행령으로 언제든 입법의 공백이 보완될 수 있기 때문에 조심해야 한다.

인도의 CSR이 법제화가 된 지도 4년이 경과했다. 그동안 긍정적인 성과도 있었으나 기업의 입장에서는 우려가 현실이 되는 경우도 많았다. 그럼에도 불구하고 매년 인도 기업의 CSR 지출 비용은 증가해 왔으며 정부는 제도가 성공적으로 정착되고 있다고 자평하며, 이러한 자신감을 바탕으로 제재를 강화하는 등 보다 적극적인 조치를 취하는 CSR 제도 이행에 나서고 있다. 이제 한국 기업은 선택이 아닌 의무로서 자리매김한 인도의 CSR을 최대한 가치 창출의 기회로 삼아야 한다. 인도의 정치, 사회, 경제 그리고 문화에 이르기까지 인도와 인도인의 삶 안에 녹여져 있는 그 근간에 대한 이해와 함께 CSR 법제 및 정책에 대한 면밀한 분석이 필요하다.

버드트리 투자자문(BUDDTREE Investment & Management) 대표

유지혜

유지혜 you@buddtree.com

인도 내 투자, 지배 구조, 리스크 관리, 인수합병 등 기업의 성장과 경영에 관해 기업 자문을 제공하고 있으며, 주인도 한국대사관과 한국문화원에서 법률 및 CSR 고문으로 활동하고 있다. 미국 로스쿨 법학박사(JSD)로서 뉴욕 주 변호사이며, 인도 Galgotias University 법과대학에서 회사법 및 국제법 전공 교수를 역임하였다.

어부 | 아크릴 | 117*73cm | 2018

제4장

역사를 통한 현대 인도의 재해석

불교와 힌두교의 진화적 관계

힌두교는 수천 년간 인도인의 대표 종교였으며, '인도'의 어원 자체가 '힌두'이고 예전에는 인도를 '힌두스탄(Hindustan)'으로 지칭할 정도로 인도인과는 사실상 불가분 일체의 종교다. 교리상으로도 힌두교는 인도가 탄생시킨 불교, 시크교, 자이나교 등의 모태 종교로서 위상을 갖는다. 현대 인도인이 믿는 힌두교는 오랜 기간 다양한 사상과 교리, 외래 종교 등으로부터 영향을 받아 지금에 이르렀다. 특히 불교와의 교리 논쟁은 불교가 탄생한 시점으로부터 거의 천 년에 걸쳐 전개되었고, 종국에는 힌두교의 승리로 귀결되었다는 점에서 의미가 있다. 그럼에도 인도에서는 사실상 자취를 감춘 불교가 동남아시아를 비롯해 우리나라, 중국, 일본 등지에서 번성한 부분은 많은 것을 시사한다.

초기 힌두교는 인더스문명과 함께 브라만교라는 명칭으로 고대 인도의 주력 종교로 자리 잡았다. 브라만교는 모든 인간을 카스트로 나눠 브라만, 크샤트리아, 수드라, 바이샤 등 계급으로 구별하였고, 카스트에 수반되는 모든 고뇌와 어려움은 본인이 전생에 쌓은 업보가 현생에서 구현되었다는 윤회설을 근간으로 하였다. 이러한 끊임없이 반복되는 윤회에서 현생의 카스트상 의무를 충실하게 이행하면 다음 생에서 보다 높은 카스트로 태어날 수 있고 궁극적으로는 브라만 카스트인 사제의 지위에도 오를 수 있다는 것이 주된 교리였다. 카스트와 윤회설은 현생의 불합리한 점을 전생의 업보 탓으로 돌릴 수 있고, 현생에 부여된 의무를 준수하게 만드는 강력한 논리를 제공했기에 브라만교는 사제나 왕과 같은 권력자의 기득권을 보존하는 데 유용한 이데올로기였다.

브라만교의 교리에 기반을 둔 당시 사회체제의 지배 논리는 싯다르타 붓다의 등장으로 와해된다. 싯다르타는 인도 고대 카필라(Kapila) 왕국의 왕자였는데 어느 날 왕궁 밖에서 목격한 수많은 사람들이 겪는 생로병사의 고통에 대해 고뇌하다가 결국 출가를 단행해서 참선과 수양을 정진한 끝에 불교를 창시한다. 불교는 당시 현실을 도외시한 브라만교에 대한 반발로 등장했는데, 현실에서 모든 카스트들이 받는 고통과 번뇌, 삶의 어려움을 직시하면서 이를 타개할 수 있는 종교적 교리와 방법론을 제시했다는 점에서 브라만교를 한 단계 발전시킨 종교였다.

불교는 당시로써는 혁명적이라고 할 수 있을 정도로 파격적인 내용을 담았다. 특히 카스트를 부정하고 인간이 평등하다고 내세운 평등주의 교리는 수많은 인도인의 환영을 받았다. 당시 전 세계 대부분 문명이 어떤 형태로든 계급주의를 인정하고 있었는데 붓다가 창시한 불교는 기독교나 이슬람교보다도 훨씬 앞선 시점에 이미 만민 평등주의를 주장함으로써 세계종교로서의 기반을 닦는다. 그리고 기존 사회체제 안에서 힘든 삶을 영위하는 일반 인도인들에게 '자비'의 개념을 가르치며, 인간 본연의 감성인 측은지심(惻隱之心)의 발현을 교리 전면에 내세웠다. 즉 인간이 감수해야 하는 생로병사와 이 과정에서 겪는 고통으로부터 벗어나기 위해 자비를 갖고 덕과 선행을 쌓아야 한다고 주장한 것이다. 붓다는 카스트에 의해 부여된 의무만 성실히 이행하면 다음 생애에서 더 좋은 삶을 보장 받는다는 브라만교의 윤회 사상을 한 단계 더 발달시켜, 자비와 선행이라는 덕목을 통해야 깨달음의 경지에 도달한다는 교리를 만들었다. 브라만교의 윤회설은 차용했지만, 다음 생애에서의 삶은 카스트 신분 상승이 아닌 윤회의 틀을 완전히 벗어날 수 있는 해탈의 경지에 보다 더 가까이 다가가도록 설계함으로써 브라만교의 교리를 업그레이드한 것이다.

인도에서 불교는 기원전 300여 년부터 기원후 600년 정도까지 약 천 년 동안 전성기를 누리고 동남아시아를 거쳐 한국, 중국, 일본 등지에서도 성공적으로 전파되면서 세계종교로서의 위상을 누린다. 그러나 불교는 점차 금욕주의, 현실과 괴리된 이상주의, 심오한 교리에 입각한 교조주의로 흐르면서 일반 인도인들의 삶과 점차 동떨어지게 된다. 인도인들은 천성적으로 춤과 노래 좋아하고 개방적인 성 풍조와 낙천주의적 성향을 갖고 있는데, 불교가 추구한 해탈의 경지에 도달하기 위한 참선과 교리에 대한 연구, 엄숙한 의식과 출가의 강요 등은 일반인들이 아닌 귀족 중심의 종교적 면모에 가깝다. 일반 인도인들이 불교에서 멀어진 틈을 타 브라만교는 새로운 교리를 구축하여 교세를 확장하는데, 이전의 브라만교가 아닌 성숙한 종교의 모습을 갖춘 현대 힌두교의 원형으로 재탄생한다.

힌두교는 불교 교리의 장점을 적극 차용하는데, 가장 대표적인 부분이 자비와 생명에 대한 존중이다. 그러나 불교와 달리 카스트를 부활시키고, 카스트에 따라 부여된 의무의 이행이 다음 생애에 더 높은 카스트로 태어나도록 한다는 고전적 교리를 계승하였다. 얼핏 보면 종전의 브라만교와 유사해 보이지만, 불교에서 차용한 자비사상이 가미되었기 때문에 하층 카스트에 대한 억압적인 측면이 완화되었다. 또한 기원후 400년경에 이르면 불교에서 해탈에 이르기 위해 준수해야 할 의무가 너무 많아져 일반인의 시각에서는 해탈의 성취가 불가능한 것으로 여겨졌기 때문에 차라리 다음 생애에서 높은 카스트로의 신분 상승을 도모하는 것이 현실적이라는 인도인의 인식도 힌두교 성장에 한몫을 담당했을 것이다.

그리고 힌두교는 불교의 금욕주의에 대한 반발로 성에 대해 개방적인 입장을 취하는데, 이는 일반인들에게 큰 환영을 받는다. 이러한 부분은 오늘날 남아 있는 힌두교 조형물에서 쉽게 접할 수 있는데, 성에 대한 숭상과 남녀 간의 적나라한 성행위 표현을 통해 당시 신흥 힌두교가 교세 확장을 위해 성 개방 논리를 적극 활용했음을 짐작할 수 있다. 이렇듯 힌두교는 이전보다 강력한 교리로 무장되어 인도에서 교세를 급속하게 확장하는데, 궁극적으로는 붓다마저 힌두교 비슈누(Vishnu) 신의 아홉 번째 환생이라는 교리를 끝으로 불교는 힌두교에 병합된다.

현대 인도에서 불교는 네팔이나 부탄 계열의 인도인들이 믿는 것을 제외하고 사실상 소멸한 종교다. 그러나 불교의 수많은 교리들은 힌두교에 면면히 살아 있기 때문에 소멸했다기보다는 힌두교라는 이름으로 보다 인도인 구미에 맞는 종교로 탈바꿈한 것으로 보는 게 더 정확하다. 신앙에 대해 유연한 힌두교는 10만에 달하는 신 중 마음에 드는 신을 고를 수가 있기 때문에 붓다의 교리가 마음에 들면 붓다를 자신의 신으로 삼으면 된다. 사실 불교 신자에게 왜 붓다처럼 '시시한' 신을 믿는지 반문하고 가네샤(Ganesha)나 시바(Shiva) 같은 우월한 신들로 갈아탈 것을 스스럼없이 권고하는 인도인의 모습에서 붓다가 추구하는 열반과 방법론이 너무 고상하고 이상적일 수 있다는 생각이 든다. 팔리어(Pali語) 경전에는 이와 관련된 붓다의 고백이 기록되어 있다. "내가 깨달은 이 가르침은 깊고, 보기 어렵고, 이해하기 어렵고, 평온하고, 숭고하고, 생각의 울타리를 초월하고, 미묘하다. 지혜로운 사람이나 알 수 있다. 지금 사람들은 감각적 쾌락에 빠져 있다. 내가 만일 이 진리를 가르친다 하더라도 사람들이 알아듣지 못한다면 내 몸만 피로하고, 괴로운 일이다."

엘로라(Ellora) 석굴 입구 윗면에 새겨진 부조에는 늘씬한 몸매의 선남선녀가 사대천왕이 있어야 할 위치에 대신 자리 잡고 출입하는 신도들을 맞이한다. 불교의 경건하고 엄숙한 교리 대신 즐거움과 쾌락이 더 우월함을 몸으로 역설하는 듯하다. 이러한 힌두교의 공세 앞에 불교가 설 자리를 잃는 것이 안타깝다.

인도 역사에서 무굴제국의 의미

무굴제국은 16세기 전반부터 19세기 중반까지 인도 지역을 통치한 세력으로 잘 알려져 있다. 그러나 '무굴'이라는 단어가 힌두어로 '몽골'을 지칭하는 단어라는 점에서 짐작할 수 있듯, 무굴제국은 토착 세력이 아니라 몽골로부터 파생된 제국이다. 무굴제국은 티무르(Timur) 왕가의 후손인 바부르(Babur)가 1526년에 인도의 심장부인 델리를 점령하면서부터 시작된 외래 제국이다. 몽골이 아프가니스탄 지역을 점령하고 1300년대에 차가타이한국(Chaghatai汗國)을 세운 이래, 꾸준히 인도 북부에 정복군을 보내 인도 점령의 기회를 노렸지만, 당시 인도의 가장 큰 세력인 델리 술탄조의 방어벽에 막혀 200여 년간 인도 정복에 실패했다. 결국 16세기에 들어서야 바부르에 의해 델리 술탄조가 멸망하고 바야흐로 몽골제국의 숙원이었던 인도 점령의 서막이 열리는데, 1200년대부터 인도인의 입장에서 '무굴'은 자신의 생명과 재산을 위협하는 북방의 폭풍 같은 존재로 공포의 대상이었다.

무굴제국은 군사 전문가들 사이에서 16세기 당시 세계 최고의 군사력을 지녔던 것으로 평가된다. 몽골 시대로 거슬러 올라가는 기마 병력은 수백 킬로미터에 달하는 장거리를 수일 만에 주파할 만큼 신속한 전격전을 가능하게 했다. 이들 기마병이 보유한 활 무기인 복합궁은 1분에 20여 발의 화살을 쏠 수 있는 연사(連射) 기능과 살상력을 가졌는데, 특히 복합궁의 투과 능력은 어지간한 갑옷이나 보호 장비를 관통하는 수준이었다. 또한 무굴군은 이전 몽골군의 장점을 온전히 보존하면서, 동시에 가공할 만한 최신 무기를 갖췄는데 당시로써는 전술 핵무기에 비견할 만한 파괴력을 지닌 전술용 대포였다. 야전 박격포와 같은 기능을 담당했던 대포는 무굴군 후방에서 적 요새나 성곽에 원거리 폭격을 가하면서 적진을 초토화시켰다. 이러한 초기 폭격을 통해 적의 예봉을 꺾은 후 기마병이 투입되어 적진을 유린하고, 마지막으로 보병으로 백병전을 치르는 형태의 전개는 당시 웬만한 수준의 군대로서는 버티기 불가능한 압도적 수준의 전투력이었다. 이 강력한 전투력을 바탕으로 무굴군은 불과 100년 만에 인도의 3분의 2를 점령할 수 있었다.

사실 무굴제국이 인도 점령 과정에서 거친 숱한 전투 상대로 인도 토착 세력도 있었지만 델리 술탄조로 대변되는 무슬림 세력이 더 큰 비중을 차지했다는 점에서 이러한 전투들을 인도인의 대(對)무굴 항전이라고 보기는 어렵다. 오히려 구세대와 신세대 이슬람 세력 간의 인도 쟁탈전이라고 볼 수 있는데, 그나마 인도인의 자존심을 세워 준 인도 토착 세력들은 인도 서부의 라자스탄과 남부에서 독립 왕국으로 존속하던 비자야나가르(Vijayanagar) 정도였다. 이들은 무굴제국의 세력 판도가 전 인도로 뻗치면서 점차 세력을 잃기 시작하고, 아우랑제브 황제 때 이르러 사실상 인도 전체가 무굴제국의 통치하에 복속되면서 역사 속으로 사라진다.

무굴제국은 중세 인도와 영국의 식민 통치 시대 중간의 연결 고리 역할을 하고 있다는 점에서 인도 역사상 중요한 부분을 차지한다. 당시 유럽은 절대왕정이 대두하고 대항해 시대가 열림으로써 유럽의 세력 판도가 유럽 대륙을 벗어나 전 세계로 뻗어 나가는 시점이었고, 중국의 경우는 명나라가 안정기에 접어들면서 아시아 대륙에서 강력한 세력으로 군림하던 시기였다. 인도의 경우 400여 년 넘게 인도의 강자로 군림하던 이슬람 세력인 델리 술탄조의 힘이 점차 약화하면서 토착 세력인 힌두교 왕국들의 세력이 점차 강성해지던 시대적 전환기였다. 만일 바부르 황제에 의한 무굴 세력이 아프가니스탄으로부터 남진해 오지 않았다면, 델리 술탄조는 인도 토착 세력에 의해 쇠퇴의 길을 걸었을 것이다. 하지만 때마침 등장한 무굴제국은 델리 술탄조와 자리바꿈을 하고 중앙아시아에서 단련한 강력한 군사력을 바탕으로 인도 토착 군소 왕국들을 병합하였기 때문에 인도는 외래 세력을 몰아낼 수 있는 절호의 기회를 잃어 버렸다. 이후 무굴제국은 또 다른 외래 세력인 영국제국에 의해 대체되고, 인도인들은 이후 200여 년을 더 기다린 끝에 1947년이 되어서야 비로소 민족국가를 갖는다.

무굴제국이 현대 인도에 미치는 영향은 적지 않다. 특히 200여 년에 걸친 인도 정복과 지배 세력으로서의 위치를 공고히 하는 과정에서 농민 착취 체계를 정교하게 확립하였다는 데 의의가 있다. 이전 델리 술탄조와는 달리 체계적인 세금 징수 체제를 통해 기존의 토착 지배 계급의 존속을 약속하는 대신 무굴제국에 성실한 납세를 강요하였다. 결국 무굴제국의 군림 이후 인도는 이전과는 상당 부분 다른 모습으로 변형되기 시작했는데, 무굴 계열의 최상층 지배 계급이 중간 지배 토착 인도인들을 지배하고 이들 중간 지배 계급이 하층 농민 계급을 지배하는 이원적 체제를 수립하였다. 이원화된 지배체제는 이후 무굴 출신 지배 계급이 다른 지배자로 대체되어도 피지배 계급은 이전과 동일하게 세금 징수와 물자 착취의 대상으로 존속함에 따라 영국의 인도 수탈을 수월하게 만들었다. 물론 현대 인도로 들어서면서 민주주의에 기초한 조세체계로 발전하지만, 그 근간은 무굴제국으로 거슬러 올라간다고 볼 수 있다.

종교적 측면에서 보면, 이슬람교는 델리 술탄조가 지배한 400년과 무굴제국이 통치한 200년, 도합 600여 년 동안 힌두교를 억압했다. 그사이 힌두교의 교리를 발전시키고 교도들을 단합하는 지도자 격인 구루의 역량이 약화되면서 힌두교 교리와 영향력도 쇠퇴할 수밖에 없었다. 반면 그 시기에 이슬람교에 영향을 받은 힌두교 계열의 시크교가 새롭게 나타나 인도 종교계에 많은 영향을 미친다.

무굴제국의 건축물은 타지마할을 중심으로 인도 방문 관광객의 필수 코스로 자리 잡았다. 그러나 무굴 시대 건축물들이 세워지는 과정에서 힌두 사원은 쇠락하거나 상당수가 파괴되는 피해를 입는다. 무굴제국은 티무르 제국 이래 페르시아와 중앙아시아에서 유래한 최신식 돔 건축 기법에 능했고, 이를 활용한 건축물의 규모는 이전 델리 술탄조나 여타 힌두 토착 건축물과는 비교가 어려울 정도로 선진적이었다. 델리에 건축된 후마윤 황제 묘는 이미 중앙아시아의 사마르칸트(Samarkand)와 같은 곳에서 흔히 볼 수 있는 돔과 기하학적 대칭 구도를 갖춘 신식 건축물로서 인도에서는 처음 소개되는 건축 양식이었다. 화려하고 곡선을 중시하는 힌두 건축 양식은 무굴제국의 건축 기법 확산으로 쇠퇴하는데, 무굴제국의 종교 탄압으로 힌두교가 재정적으로 어려움을 겪으면서 사원의 신규 건립이 어려워지고 대형 사원은 자취를 감춘다.

무굴제국은 인도 역사상 가장 유명한 제국으로 뽑히지만, 인도인에게 무굴제국은 자신들을 통치했던 외래 세력 중 하나로 취급된다. 사실상 외국인에게 무굴제국은 인도와 동일시될 정도인데, 근대에 들어서 인도를 사실상 통일한 왕조였다는 의미를 지닐 뿐만 아니라 인도가 자랑스럽게 내세우는 세계적 명물인 타지마할을 건립한 왕조이기 때문이다. 무슬림이 아닌 대부분의 인도인 입장에서는 무굴제국을 인도와 동일시하는 견해는 매우 불편할 수도 있다. 하지만 인도를 방문하는 외국인은 타지마할의 아름다움에 반해 인도인의 예술 역량을 높이 평가하는 데서 역사적 아이러니가 있다.

복합궁은 양쪽이 밖으로 휘어져 있어 화살을 쏠 때 장력을 최대한 받을 수 있도록 만들어졌다. 당시 몽골인들은 특정 나무의 줄기를 가공한 다음 반대되는 결을 갖는 두 줄기를 결합하여 탄력을 극대화했다고 하는데, 그 기술은 더 이상 전수되지 않아 오늘날 재현이 불가능하다고 한다.

영국의 땅따먹기식 인도 진출

유럽 대륙의 작은 섬나라에 불과한 영국이 거대 국가인 인도를 식민지로 삼을 수 있었던 배경에는 다른 국가에서 볼 수 없는 역사적 요인이 작용했다. 내막을 살펴보면 흥미로운 부분이 나타나는데, 여느 식민지와는 다른 정복 과정을 거쳤다. 우선 영국의 식민지로 전락했을 당시 인도는 하나의 통일된 국가가 아니었다는 점, 전통적인 의미에서의 식민지로 대우받지 않았다는 점, 인도를 식민지로 삼은 정복 주체가 영국 정부가 아닌 동인도회사였다는 점에 주목해야 한다. 이 세 가지가 영국제국의 인도 식민지화라는 수수께끼를 푸는 열쇠이다.

영국의 인도 진출 씨앗은 무굴제국의 6대 황제인 아우랑제브 황제가 사망한 1707년에 발아한다. 무굴제국의 판도를 사실상 인도 전역으로 확장하는 데 성공한 아우랑제브 황제는 자신의 성과를 맛보기도 전에 인도 남부 전장에서 81세의 나이로 죽음을 맞이한다. 당시 대부분 사람들의 평균 사망 연령대가 40세 전후라는 점을 감안하면 대단한 장수를 누린 셈인데, 문제는 아우랑제브 황제가 30대의 나이로 황제에 즉위한 이후 무려 50여 년간 황제로 군림했다는 사실에 있다. 아우랑제브 황제는 오랜 기간 영토 전쟁을 벌이며 점령지에 자식들을 제후로 임명한다. 만약 아우랑제브 황제가 당시 평균 연령에 사망했다면, 중앙 황제 자리를 놓고 자식들이 일전을 치렀겠지

만, 워낙 오랜 기간 생존해 있다 보니, 결국 자식들은 배정된 영토에 눌러앉
게 되었고 아들 및 손자 세대로 제후 자리가 물려지는 일까지 생겼다. 이렇
듯 제후국들이 점차 독립 왕국으로 갈라지면서 사실상 다른 제후들과의 관
계가 단절되는 지경에 이른다. 더욱이 이들은 아우랑제브의 수십 명에 달하
는 후궁의 자손이라는 점을 고려했을 때 사실상 남남이나 다름없는 관계였
다. 아우랑제브 황제가 사망하고 난 후 제후들을 이어 줄 연결 고리가 없어
지면서, 무굴제국은 곧 바로 수십여 개의 제후국으로 분열된다.

유럽 열강의 본격적인 인도 진출은 무굴제국이 제후국으로 분리되는 틈
새를 비집고 들어오면서 시작한다. 그중에서도 당시 유럽의 강대국으로 군
림하던 영국과 프랑스가 가장 활발하게 인도와의 무역 이권을 노린다. 영국
의 인도 진출 주역은 영국 정부가 아닌 동인도회사인데, 동인도회사는 봄베
이와 캘커타 등의 무역항을 거점으로 중개무역을 전개하면서 점차 인도 내
영향력이 증대되는 상황이었다. 무역항을 거점으로 삼은 영국인들 중에는
기독교 선교사들이 많았고, 가족을 대동하여 포교 활동을 활발하게 전개하
였다. 이 과정에서 기독교와 이슬람교 간 대립이 촉발되는데, 급기야 1756
년경 시라지-우드-다울라(Siraj-ud-Daula) 벵골 제후가 캘커타를 공격하면서
백여 명에 달하는 영국군 포로 및 여성과 아이들을 지하 창고에 감금해 생
매장시키는 참변이 발생한다. 이 사건이 영국 본토까지 알려지자 영국 내에
서는 응징의 목소리가 높아졌고, 마드라스(Madras) 지역에서 활동 중이던 로
버트 클라이브(Robert Clive) 대령이 인솔하는 2천여 명의 동인도회사 용병과
일부 영국 정규군이 함께 캘커타 지역으로 급파된다.

캘커타에 도착한 클라이브 대령은 곧 캘커타 북부 플라시(Plassey) 평야에

서 벵골 제후의 주력군 4만여 병력과 맞닥뜨리게 된다. 십 대 일이라는 불리한 여건 속에서 클라이브 대령은 벵골 측 대장군인 미르 자파르(Mir Jafar)에게 밀사를 보내 만일 전투 당일 주력부대를 후방으로 철군시키면 그 기회를 빌려 자신이 시라지-우드-다울라 현 제후를 패퇴시키고 미르 자파르를 새로운 제후로 옹립하겠다는 제안을 한다. 미르 자파르 대장군은 이를 수락하여 전투 당일 영국군과의 전투에 임하지 않았고, 클라이브 대령은 소수 친위 부대만으로 전투에 나선 시라지-우드-다울라 제후를 쉽게 제압한다. 계획대로 대장군 미르 자파르가 새로운 제후로 즉위하게 되고, 클라이브는 그 대가로 거액의 사례비를 부수입으로 챙긴다. 그러나 영국에 있어 가장 큰 소득은 플라시 전투 전까지만 해도 봄베이나 캘커타처럼 항구를 거점으로 하는 점조직 형태로 인도에 진출했다면, 전투 이후 벵골이라는 인도 동부 최대 제후국을 사실상 동인도회사의 지배하에 놓았다는 데 의미가 있다. 실제로 동인도회사는 벵골을 근거지로 삼아 무굴제국의 심장부인 델리를 향해 서진한다. 결국 영국은 1857년 세포이 항쟁을 기점으로 무굴제국 마지막 황제를 폐위시키고 인도 전역을 통치하는 새로운 지배자로 등극한다.

물론 무굴제국의 수도인 델리 점령이 인도 통치의 실질적 권한을 부여하지 않는다. 그러나 1857년경 영국의 영향력은 이미 전 인도를 포괄할 정도로 강력해진 시점이었다. 클라이브는 대령은 플라시 전투에서 벵골의 술탄인 시라지-우드-다울라를 제압한 후 수십여 곳의 제후와 영주들에게 밀사를 보내 벵골군에 맞서 십 대 일의 불리한 상황을 극복하고 승리를 이끌어 낸 강력한 신흥 군벌로서의 위상을 부각함과 동시에 자신에게 연간 세입의 일정분을 상납할 경우 영토를 보장해 주겠다는 협박을 가한다. 이러한 건달식 협박에 많은 제후가 굴복하면서 동인도회사와 클라이브 대령은 막대한 부를 축적하는데, 이 사건을 통해 인도는 영국인에게 새로운 신천지로 각광받기 시작한다.

플라시 전투 승전 이후 동인도회사의 인도 내 세력은 비약적으로 확장한다. 대부분 제후들은 상납금을 동인도회사에 지급하는 대신 군사적 보호를 제공받는 연대 관계를 맺고, 일부 동인도회사에 대항하는 제후들을 보호 연대 소속 제후들과 동맹하여 무력으로 제압함으로써 100여 년의 기간 이내 대부분의 인도를 동인도회사의 영향권 밑에 둔다. 이 과정에서 동인도회사와 연대한 제후들의 상납액을 계속 증액함과 동시에 제후령의 이권과 인사에도 개입하면서 동인도회사는 사실상 인도를 통치하는 기구로 변질된다. 이러한 상황을 지켜보던 영국 왕실은 동인도회사가 무역 회사의 기능을 사실상 상실했다는 판단을 내리고 동인도회사를 해산시킨다. 영국 정부는 동인도회사를 대신해서 인도를 자국 식민지령으로 편입한다.

플라시는 오늘날 벵골 주 무르시다바드(Murshidabad) 시 인근에 위치하고 있다. 고즈넉한 아열대 숲 지역으로, 이곳이 인도의 숙명을 결정 지은 전쟁터라는 느낌을 받기 어렵다. 다만 무르시다바드 시장이 세운 기념비가 이곳이 세계사에 기록된 전쟁터임을 호기심 많은 방문객에게 귀띔해 준다. 기념비 앞에는 부하의 배신으로 목숨을 잃은 시라지-우드-다울라 술탄의 흉상을 세워 그 넋을 기린다.

　이렇듯 인도가 영국의 식민지로 변하는 과정은 동인도회사의 지속적인 인도 진출 확대에 따라 진행되는데, 영국 정부의 개입이 제한적인 상황하에 동인도회사의 본업이 무역보다는 제후로부터 세금을 걷는 방향으로 변질되면서 본격화된다. 이러한 위기 앞에서도 인도 제후들은 단합된 모습을 보이지 못하고 서로 의심하고 반목하였고, 이 상황을 동인도회사가 교묘하게 활용하여 궁극적으로 인도 내에서 최강의 세력으로 군림한다.

간디와 타고르

20세기 초 인도가 영국으로부터 독립하기 위한 투쟁을 본격적으로 전개할 시점에 인도는 수많은 독립 지도자들을 배출한다. 그중에서 가장 대표적인 인사로 마하트마 간디, 자와할랄 네루 그리고 라빈드라나트 타고르를 들 수가 있다. 세 사람 가운데 마하트마 간디와 자와할랄 네루가 정치적 지도자였다면, 인도인의 순수하면서도 미적인 영혼과 섬세한 심성, 소위 '소프트 파워'를 대변한 인사로는 타고르를 따라갈 인물이 없다.

200년간 이어진 영국의 식민 통치를 종결 짓고 독립을 쟁취하는 과정은 결코 쉽지 않았고, 수많은 독립투사의 헌신적인 희생이 뒷받침되었기에 가능했다. 특히 마하트마 간디는 인도 독립운동에 이념적 정당성을 부여함과 동시에 이를 몸소 실천함으로써 독립운동의 최정점에 설 수 있었다. 또 하나의 대척점에서 인도인이 한 민족일 뿐만 아니라 문화와 예술 분야에 있어서도 찬란한 고대 인도문명을 계승하고 있음을 보여 줌으로써, 민족주의 같은 정치적 이념만으로는 얻어 낼 수 없는 인도 독립의 필연성에 대한 세계적 공감대를 이끌어 낸 데는 타고르의 공헌이 크다. 19세기에 나라를 잃고 배회하던 폴란드인들에게 새로운 희망을 안김과 동시에 폴란드 민족의 아이덴티티와 저력을 피아노로 불러일으킨 프레데리크 쇼팽(Fryderyk F. Chopin)과 비슷하다.

이러한 잣대를 통해 간디와 타고르를 인물사적 견지에 비추어 비교해 볼 수 있지만 동시대를 살았던 지도자들로서 서로 가까운 관계였고 수많은 교제 속에서도 세계관과 성격상 극명한 대조를 보이는 부분도 흥미롭다. 간디는 투철한 민족주의적 입장을 고수하면서 당시 일반 인도인의 생활을 그대로 따르고 이들의 빈곤과 민족적 상실감을 공유하면서 대중을 이끈 철두철미한 정치인이었다. 간디가 주창한 다양한 정치철학은 문맹률이 90%에 달했던 시대였음에도 불구하고 일반 인도인이라면 누구나 이해할 수 있었던 비폭력 · 비협력 노선을 제창했고, 이를 실천함으로써 폭발적인 민족적 호응을 이끌어 낸 인물이었다. 반면 타고르는 벵골 지역 귀족 출신으로 유럽인 기준으로도 세련된 세계적 명사로 통했고, 전 세계를 유람 다니면서 풍류를 즐기는 인사였다. 타고르는 간디와는 전혀 다른 세계관을 가진 인물로, 정치 운동에도 직접적으로는 관여하지 않았다. 타고르는 간디를 '모한다스'라는 본명 대신 성인(聖人)의 의미를 지닌 '마하트마'라고 시를 지어 칭송하였다. 그러나 간디를 범(凡)인도 지도자로 지지하는 가운데에도 끊임없이 간디와 논쟁을 벌였다는 점에서 두 사람의 관계가 예사롭지 않음을 짐작할 수 있다.

간디와 타고르의 관계를 짐작할 수 있는 유명한 일화가 하나 있다. 타고르가 캘커타에 사재를 털어 '산티니케탄(Santiniketan)'이라고 불리는 학교를 건립하였는데, 신학교 건립을 축하하기 위해 방문한 간디가 방문록에 "어떤 일이 발생하더라도 약속은 반드시 지켜야 한다"는 덕담을 기재했다. 이후 타고르가 방문록을 보고 간디의 고지식함을 지적하면서 "상황이 바뀌면 약속도 바뀔 수 있다"고 훈수를 놓았다고 하는데, 이 일화를 통해 간디의 투철한 윤리의식과 타고르의 실용주의적 유연함을 엿볼 수 있다. 간디가 당시 8억의 인도인을 이끌기 위해 성자 수준의 이념적·영혼적 순수성을 유지해야 했다면, 타고르는 격변하는 세상 속에서 현실주의적 유연성을 대변함으로써 인도 독립운동의 또 하나의 큰 줄기를 대표한다.

인도의 독립운동은 여러 이데올로기로 나눠지고, 여러 종교로 분파되어 전개되었다. 1940년대까지는 힌두교, 이슬람교로 나눠지는 양대 종교 간 대립 노선, 그리고 자유민주주의, 사회주의, 공산주의로 대변되는 당시 이데올로기적 분열보다는 간디에 의한 비폭력·비타협 노선과 같은 온건 노선과 제1차 세계대전 때 영국의 인도군 징집에 협력적 동참 노선은 분파를 초월한 정치적 유연성을 보여 준다. 오히려 이 시기 일본의 버마(미얀마) 점령과 인도 침공 임박 당시 일부 인도 강성파 지도자들이 주장했던 일본과의 결탁은 인도 주류 독립 운동가들은 물론 일반 인도인에게도 배척받았는데, 이는 인도인의 정치적 성향이 간디에 의해 대변되듯 극단주의 노선과는 거리가 멀었음을 잘 보여 준다.

간디의 정치 운동은 현실적이면서도 인도인의 민족주의 의식을 이끌어 내는 이상주의적 측면도 있었다. 그러나 문화와 예술 영역과는 엄연히 달랐고, 정치 이데올로기에 함몰된 독립운동 추진이 자칫 문화와 예술의 힘을 간과할 수도 있었는데 이러한 부분을 타고르가 잘 보듬어 주었을 뿐더러 오히려 시너지 효과를 가져왔다. 타고르의 대표적인 시집인 《기탄잘리(Gitanjali)》는 탐미주의와 함께 신비주의적 서정미가 압권인데, 인도의 힌두 및 불교 유산과 더불어 영국으로부터 유입된 시문학을 잘 혼합하여 새로운 범주의 시상을 만들어 낸 것으로 평가받는다. 노벨 문학상을 수상할 정도로 전 세계적인 반향이 컸는데, 벵골어로 시를 지어 벵골어의 아름다움을 부각시킨 것과 함께 인도가 세계적인 문호를 배출했다는 민족적 자부심을 일깨운 측면이 크다. 한편 타고르는 현실에서 만큼은 실용주의 노선을 따랐는데, 일례로 일본이 서구 문명을 발 빠르게 도입하여 세계열강과 어깨를 나란히 한 점에 주목하여 인도도 일본의 사례를 답습해야 한다고 주장하였다(후일 타고르는 일본이 제국주의의 길을 걷자 일본을 배척했다). 이와 달리 간디의 비폭력·비협조 노선은 힌두교에 입각한 순수주의와 사회주의에 근거한 코뮌(commune) 형 경제사회 구성 등 지극히 이상주의적인 입장을 추가한 데서 타고르와는 상반된 정신세계를 잘 보여 준다.

간디와 타고르는 궁극적으로 인도의 독립운동 시절의 시대상을 반영하는 대표적인 두 인물이다. 1920년대 영국이 인도의 수도를 캘커타에서 뉴델리로 옮기면서 인도의 무게중심은 동부에서 서북부로 이동하였는데, 그 과정에서 독립운동을 이끄는 인도의 지도부 인사도 자연스럽게 서북부 인사들로 채워지기 시작했다. 인도 서부 구자라트 주 상인 계층 출신의 마하트마 간디가 인도의 독립운동을 이끌고, 북부 인도 출신인 자와할랄 네루가 간디의 노선을 실행에 옮기게 된 것 역시 자연스러운 전개였다. 하지만 인도 동부는 서북부가 갖지 못한 유려한 문화적·예술적 배경을 지녔고, 이 지역의 자존심을 대변한 것이 타고르였다. 지역 정서상으로도 다소 교조주의적이고 보수적인 색채를 지닌 뉴델리 지역과는 달리 자유스럽고 문화적 정서가 깊은 동부의 캘커타 지역을 인도 전체의 독립운동에 아우를 수 있었던 데는 타고르의 역할이 크다.

인도의 독립운동을 이끈 두 거성은 가까
운 친분 관계를 유지한 것으로도 유명하
다. 아마다바드(Ahmadabad)의 간디 기념
관에도 두 사람의 친분을 증명하는 사진이
전시되어 있는데, 간디의 예리한 눈빛과
타고르의 온화하면서도 깊이 있는 눈빛이
잘 잘 어울려 보인다.

무제

세상에 넓게 퍼져 나가 무한한 하늘에
무수한 형상을 만들어 내는 것은
이별의 고통입니다.
이별의 슬픔은 한밤의 고요함 속에
별에서 별을 묵묵히 바라보며
7월의 장맛비 내리는 어둠 속에서 술렁이는
나뭇잎에서 노래를 부릅니다.
넓게 퍼져가는 이 아픔은
사람들의 가정에서 사랑과 욕망으로
괴로움과 기쁨으로 깊어집니다.
또한 시인인 내 가슴을 통하여
언제나 노래 속에 녹아 흐릅니다.

－타고르의 《기탄잘리》 중에서

두 사람 | 아크릴과 오일 | 117*91cm | 2014

1947년,
운명과의 밀애

　우리에게 1945년이 35년간 일제의 압제 밑에서 해방을 쟁취해 낸 역사적인 해로 기억된다면 인도인에게 1947년은 900여 년이 넘는 기간 동안 외세의 침입과 강제에서 벗어나 인도인들이 스스로 다스리는 국가를 갖게 된 기념비적인 해가 된다. '운명과의 밀애(Tryst with Destiny)'는 인도의 초대 수상인 자와할랄 네루가 뉴델리에서 1947년 8월 15일 자정을 기해 이루어진 역사적인 독립의 순간을 묘사한 극적인 표현이다. 인도의 독립 쟁취가 무력 투쟁이 아닌 마하트마 간디를 중심으로 한 30여 년간의 비폭력·비협조 노선을 통해 성취해 냈다는 데 의미를 부여하고, 필연적인 귀착점은 인도 독립임을 보여 주는 대목이다. 일반적으로 독립 쟁취의 순간은 독립투사들의 일장 연설에 이어 "독립 만세!"와 같은 국민들의 함성이 뒤따라야 할 것 같은데, 오히려 네루 총리는 '운명과의 밀애'라는 표현을 씀으로써 인도인에게 독립이 여타 국가와는 달리 고요하면서도 운명처럼 다가왔음을 강조했다.

　그러나 인도의 독립은 네루 총리의 연설처럼 결코 필연적이지도 밀애처럼 고요하게 다가오지 않았다. 독립 쟁취 과정에서는 수많은 인도 독립운동가들의 헌신과 희생이 있었고, 그러한 대내적 노력과 함께 대외적으로 두 차례의 세계대전을 통해 주창된 민족자결주의라는 이념적 배경이 있었다. 그리고 앞에서 언급했듯이 이를 활용해서 8억 명에 달하는 거대 인구를 하나로 결집시키는 데 성공한 마하트마 간디라는 20세기 위대한 지도자를 빼놓을 수 없다.

인도인이 영국으로부터 독립을 의식하게 된 데는 영국의 계몽주의가 큰 역할을 했다. 인도와 같은 거대 식민지를 다스리기 위해서는 유능한 기술 인력을 필요로 했는데, 특히 변호사, 회계사, 세무사, 중하급 행정직 관료 등의 양성이 시급했다. 영국은 이러한 전문직에 종사할 인도인들을 대거 양성했고, 이들은 인도의 지배 계층이던 영국인을 도와 중간 관리자로서 인도를 운영해 나가는 데 크게 기여했다. 또한 이들은 영국이 아프리카와 동남아시아를 경영하는 데 있어서도 중추적 역할을 맡았는데, 이 과정에서 일부는 당시 유럽에서 유행하던 다양한 사회 이념에 노출되었다. 그중에서 특히 민족자결주의가 결정적 영향을 미친다.

20세기에 들어서면서 영국의 19세기경 빅토리아 여왕 치하에서와 같은 제국주의식 식민지 운영 방식만으로는 분출하는 민족자결주의 열망을 잠재울 수 없었다. 인도의 선각자들은 1885년 국민회의를 결성해서 민족주의의 불씨를 키웠는데, 1920년대 들어 마하트마 간디와 자와할랄 네루와 같은 인도 건국의 아버지들이 활동을 한다. 물론 대다수 의원들은 영국의 식민 통치하에서 육성된 중간 관리자들이었는데, 이들은 탁월한 리더십과 전문성으로 무장되어 있어 지배 계층인 영국과 때로는 협력을, 때로는 대립 구도를 강행하면서 독립운동을 이끌었다.

인도의 독립 쟁취에 있어 마하트마 간디의 불복종 · 비폭력 운동이 결정적인 역할을 한 것은 잘 알려져 있는 반면, 그 배후에 제1, 2차 세계대전 당시 백만 명에 달하는 인도군이 영국군과 함께 연합군의 일원으로 혁혁한 전과를 거뒀고, 그 과정에서 많은 희생을 감수한 부분은 잘 알려져 있지 않다. 영국군이 독일의 정예 군사력과 대등하게 싸울 수 있었던 까닭은 식민지 운영을 통해 전투력을 닦아 온 영국 정규군과 함께 세계 각지에 퍼져 있는 식민지들로부터 징집된 백만 대군의 역할이 있었기 때문이었다. 인도군의 경우 특히 동북부 지역의 펀자브인으로 구성되어 중동과 북아프리카 전장에 집중적으로 투입되었는데, 이들은 이미 1700년대부터 세포이 용병이라는 이름하에 영국군과 함께 수많은 전투를 치른 정예 병력이었고, 특히 영국군의 군사 전술을 충실히 이행할 수 있는 전투력을 갖춤으로써 영국이 독일과의 전쟁을 유리한 국면으로 흐르도록 하는 데 결정적인 기여를 하였다. 이렇듯 인도군의 군사적 공헌으로 인해 영국 정부로서는 인도 독립을 심각하게 고민할 수밖에 없었다.

인도인의 참전뿐만 아니라 태평양 전쟁에서 일본의 초기 약진은 궁극적으로 인도의 독립을 이끄는 도화선 역할을 하였다. 태평양 전쟁이 개전한 1941년 초기 일본군은 동남아시아의 대부분 국가를 성공적으로 점령함으로써 인도의 바로 코앞이라고 할 수 있는 버마(미얀마)까지 진출하여 캘커타에 폭격을 단행할 정도였고, 인도를 놓고 영국군과의 한판 승부를 벌이는 국면까지 이른다. 당시 유럽은 독일군의 전격전에 속수무책으로 당하고 있었고, 영국은 독일군의 공습과 상륙작전 대응에 급급한 시점이었기 때문에 영국총독부는 '인도 소개령(疏開領)'을 준비하였다. 인도에서 영국군의 철수와 정권 이양을 간디와 네루를 비롯한 인도 독립운동가 수뇌부와 논의할 정도였다. 결론적으로 영-인 연합군이 버마(미얀마)에 주둔한 일본 주력군인 1군단을 패퇴시키고, 비슷한 시점에 미군이 미드웨이 해전에서 일본 주력 해상 전력을 궤멸시키면서 '인도 소개령'은 백지화된다. 하지만 이 사건을 통해 영국은 인도를 운영할 군사력과 재정적 능력을 상실하였음을 시인한 셈이 되었고, 인도의 독립은 급물살을 탄다.

이러한 대내외적 분위기 속에서 인도를 하나의 통일된 국가로 결집시키는 역할이 다시금 간디에게 떨어진다. 민족자결주의에 근거한 비폭력·불복종 저항 운동으로 8억 명에 달하는 인도 국민의 지지와 협조를 이끌어 내는 데 성공한 간디는 수많은 민족으로 나뉘어 있던 인도인들을 규합하여 하나의 국가로 통일을 쟁취해 낸다. 간디의 초인적인 살신성인 정신과 단식투쟁, 그리고 민족적 단결을 호소하는 뜨거운 민족 사랑은 천 년 동안 외세의 침략 속에 서로 분열되어 속수무책으로 당하기만 했던 인도인의 단결을 이끌어 냈다. 이러한 민족적 대단합 속에서 자와할랄 네루와 사다르 발라바이 파텔(Sardar Vallabhbhai Patel)과 같은 정치가들은 1947년 독립 직후 수많은 지방의 유력 토호들로 하여금 인도 공화국의 기치 아래로 들어올 것을 성공적으로 설득함으로써 지금과 같은 거대 인도를 엮었다. 마하트마 간디는 이 과정에서 부인과 아들을 모두 잃고, 결국 극단적 힌두독립주의자의 손에 암살당하면서 파란만장한 생애를 마치지만, 인도 건국의 아버지로서 인류 역사의 거목으로서 자리매김한다.

이렇듯 인도의 독립은 단순한 운명과의 밀애라고 볼 수 없는 수많은 변수의 작용과 대내외적인 환경의 결집으로 도출된 큰 과정이다. 어쩌면 네루는 너무나 큰 역사적 흐름과 한 인물의 역동적 리더십이 결집된 인도의 독립을 달리 표현할 말이 없었기에 '운명과의 밀애'라는 은유적 표현을 사용한 것일 수 있다. 천 년 만에 진정한 독립국가로 거듭난 인도의 입장에서는 기나

긴 세월 속에서 결국 독립을 쟁취해 냈다는 감격을 담는 데는 오히려 고요
한 은유적 표현이 인도인의 감동을 보다 진하게 묘사했다고 느껴진다.

인디아 게이트(India Gate)는 제2차 세계
대전에 참전한 인도 군인들을 기념하여 건
립한 전쟁기념물로 전사한 군인 이름들이
새겨져 있다. 참전 군인들은 단합심 고양
을 통한 전투력 배양을 목적으로 같은 지
역 출신들을 같은 중대에 배속시켰는데,
이는 미국의 남북전쟁에서도 종종 사용되
었던 방법이다. 게이트 좌측 하단에 새겨
져 있는 펀자브 제89 중대가 단적인 예다.

영국 통치의 유산

현대 인도가 차치하는 거대 영토의 근원은 무굴제국으로 거슬러 올라간다. 무굴제국이 등장하기 전까지만 해도 인도 지역은 여러 개의 왕국으로 분할되어 통일국가를 일궈 내지 못하고 군웅할거 상태만 지속되었다. 기원전 300년경 아소카(Aśoka) 대제를 중심으로 마우리아 왕조가 인도의 3분의 2 정도를 정복하지만, 얼마 지나지 않아 다시 분열되었기 때문에 인도를 하나로 아우르는 시점은 1600년대에 들어서 무굴제국이 등장하면서부터다. 무굴제국은 초대 황제인 바부르 황제로부터 시작하여 6대 황제인 아우랑제브 황제에 이르기까지 약 150년의 세월을 거쳐 인도 통일을 달성한다. 당시 전 세계에서 가장 강력한 군사력을 지닌 것으로 평가되던 무굴제국이 인도 통일에 이렇게 오랜 시간을 소요한 것을 볼 때 인도 토착 왕국이 얼마나 강성했고, 그 저항이 강렬했는지를 짐작하게 한다.

그 후 무굴제국을 이어받은 영국이 인도를 석권하기까지 100여 년간의 시간이 추가로 필요했다. 무굴제국이 1차적으로 인도를 통일시켜 놓았기 때문에 영국의 인도 진출이 다소 수월했던 측면이 있지만, 영국의 인도 재통일은 만만치 않은 과정이었다. 당시 인도 통합을 달성할 수 있었던 세력은 영국이 유일할 것으로 생각될 만큼 영국이 보여 준 군사적·전략적·외교적 전략과 전술은 탁월했다. 당시 최고의 군대로 명성이 높았던 '레드코트

(redcoat)’, 즉 영국 정규군과 함께 강력한 용병 부대인 세포이의 합작에서 오는 군사력, 유럽 대륙에서 가다듬은 외교력과 협상력 등은 무굴제국이 남겨 놓은 수많은 제후국들을 병합하는 데 큰 역할을 했다.

수천 년간 인도 북서부 지역은 외침의 경로가 되었는데, 이를 통해 멀게는 알렉산더 대왕이, 근세에 들어서는 이슬람, 페르시아, 아프가니스탄, 무굴 등이 계속해서 침범했다. 영국이 인도를 통합한 19세기경에는 페르시아와 아프가니스탄 세력도 호시탐탐 델리를 포함한 인도 북서부를 노렸는데, 실제로 영국 세력이 델리를 공략한 1857년에 앞서 1737년에 페르시아의 나디르 샤(Nader Shah) 황제가, 1757년에는 아프가니스탄의 아마드 샤(Ahmad Shah) 황제가 델리를 급습해서 수많은 시민을 학살하고 재화를 강탈한 사건은 유명하다. 이렇듯 인도 북서부의 취약점을 잘 알고 있던 영국은 공세적 전략을 취해 북서부 공략에 나선다. 수십 년에 걸친 전쟁 끝에 영국군은 지금의 파키스탄 지역 병합에 성공하고 아프가니스탄의 카불(Kabul)까지 그 세력권을 넓힌다. 영국의 입장에서는 자신이 어렵게 쟁취한 인도 영토를 외래 세력에 내주지 않겠다는 결연한 의지의 표현이었지만, 인도 입장에서는 이전 지배 세력이 해결하지 못한 북서부 외래 침입에 대비한 방파제를 마련했다는 의미가 있었다.

무굴제국이 통일인도의 기반을 닦았다면 영국은 이를 공고히 하는 역할을 하였다. 인도 전역에 적용되는 세제, 교통, 행정, 법령 등의 체제를 구축하였고, 모든 지역의 인도인에게 영국이라는 절대적 지배자에 대한 복종을 강요함으로써 단일한 지배자 밑에 복속해야 함을 성공적으로 각인했다. 이러한 복속과 민족적 굴욕은 이전 시대에는 막연하게만 인식되던 민족의식을 깨우는 데 결정적인 역할을 하였다. 인도인의 민족의식은 마하트마 간디와 같은 지도자를 통해 보다 확고하게 인도인들 마음속에 자리 잡았고, 궁극적으로 1947년 인도의 독립을 쟁취하는 사상적 배경이 되었다.

영국은 당시 세계 최강국으로 문화적으로도 세계를 선도해 나가는 국가였다. 영국의 문화상대주의적 가치관과 역사에 대한 사회과학적 호기심은 인도인이 망각했던 자신의 과거를 일깨워 줬고, 인도인으로 하여금 자신의 역사에 대한 일체성과 자부심을 갖도록 하였다. 영국의 식민 통치 기간에 인더스문명의 존재가 밝혀졌고, 마우리아 왕조와 아소카 대제와 관련된 유적들이 발견되어 각종 힌두 경전 및 힌두교 지도자가 재조명되었다. 비록 영국의 인도 지배 기조가 평화적, 비폭력적이었다고 할 수 없지만, 문화적으로 인도가 무슬림 문화를 극복하고 한 단계 발전할 수 있는 기반을 제공한 부분은 무시할 수 없다.

인도와
파키스탄

영국이 다스렸던 식민지 인도는 지금의 인도보다 훨씬 큰 영토였다. 인도 본토를 비롯하여 파키스탄과 아프가니스탄 일부, 방글라데시를 포함한 남아시아 전역을 포괄하는 광대한 지역이었다. 이렇듯 식민지 인도의 지위를 계승하여 현대 인도가 탄생했는데, 결국 인도가 남아시아 패권 국가로 자리매김하는 것도 국토와 인구의 규모뿐만 아니라 이와 같은 역사적 배경을 갖기 때문이다. 이러한 현대 인도의 지위에 도전하는 국가가 있는데, 바로 파키스탄이다. 역사적 견지에서 보면 파키스탄은 영국이 북진정책을 통해 인도 북부의 펀자브, 카슈미르, 신드족(Sindh族)들을 하나씩 복속하는 과정에서 만들어진 지역의 후예를 자처한다. 당시 영국은 이 지역에 가장 전투력이 높은 정예군을 주둔시켜 놓았는데, 이후 남진해 오는 러시아를 막아 낸 이들은 인도의 수호자로서 그 공헌을 인정받는다. 이러한 역사적 유산을 이어받은 파키스탄의 입장에서는 유약한 인도가 누리는 지위를 인정하기 힘들다는 인식이 있다.

한반도가 남한과 북한으로 나뉘어 대립하고 있듯이 인도와 파키스탄도 비슷한 시기에 분리되어 대립각을 세우고 있다. 인도는 독립운동을 전개하는 과정에서 힌두교와 무슬림 간의 종교적 대립이 거세지는데, 이를 해결할 방법으로 다른 국가로 나뉘는 분리주의가 대세를 이룬다. 마하트마 간디와 같은 중도주의자가 나서서 분립을 중재하려고 노력했지만 힌두교와 무슬림 간의 대립 구도는 이미 고착화되었기 때문에 힌두교 진영에서는 자와할랄 네루가, 무슬림 진영에서는 무하마드 알리 진나(Muhammad Ali Jinnah)가 각각 지도자로 추대되어 1947년 인도와 파키스탄은 각각 분리된 채로 독립을 맞이한다.

인도와 파키스탄의 분리는 여러 면에서 한반도의 분단과 유사하다. 남한과 북한의 경계선이 그 어떤 문화적·사회적 의미를 가지지 않듯 인도와 파키스탄 간의 국경도 지극히 인위적으로 책정되었다. 수많은 국민이 생이별을 하였고, 펀자브과 같은 인도 북부의 주력 지방은 순식간에 두 동강이 났다. 수백만 명에 달하는 힌두교도와 무슬림들의 쌍방향으로 이동하는 과정에서 수십만 명의 이주민들 발생하였고, 무법천지 속에서 수많은 인명피해 함께 재산상의 피해를 입었다. 군대가 나서는 쌍방 간의 전쟁은 없었지만, 당시의 참상은 한국전쟁에 못지않아 지금까지도 그 후유증이 이어져 내려올 정도다.

한국도 한국전쟁을 전후하여 북쪽으로부터 내려온 피난민들이 강인한 생활력과 경제력을 바탕으로 새로운 터전을 일궈 냈듯이 파키스탄 지역으로부터 피난 온 힌두교도들, 특히 펀자브인들도 이와 비슷한 양상을 보였다. 파키스탄에 내어 준 펀자브 서부 지역은 비옥한 농경 지역이었음에 반해, 인도 쪽에 할양된 펀자브 동부 지역은 히말라야산맥과 인접해 있어 매우 척박했고, 농경지로도 적합하지 않았다. 이곳에 강제로 이주해 온 펀자브인들은 특유의 강인함과 성실함을 바탕으로 이 지역을 비옥한 농경지로 개간하는 데 성공하였고, 지금은 현대 녹색혁명의 대표적인 성공 사례로서 세계적인 곡창지대로 인정받고 있다. 또한 인도-파키스탄 분리 과정에서 많은 수의 펀자브인들이 미국과 영국으로 이주하는데, 그곳에서 의사나 엔지니어 등 고급 인재로 성장하면서 사회적으로 성공한 인도인 하면 펀자브인을 떠올릴 정도이다.

개국 초기 파키스탄은 인도로부터 피난 온 이슬람 계통의 우수한 인력들을 활용하여 빠른 성장을 일궈 낸다. 인도가 사회주의 노선을 거치면서 폐쇄주의적 경제 노선을 밟은 반면, 파키스탄은 자유시장주의 사상에 근거하여 서구에 개방적 태도를 취해 인도에 비해 윤택한 경제 상황을 누렸다. 비록 파키스탄은 국토와 인구수에 있어 인도에 뒤처졌지만, 경제력을 바탕으로 인도를 압박하는 강력한 세력을 형성한다. 여기에는 파키스탄이 인도의 수호자임을 자처하는 민족적·문화적 자부심도 일조했지만, 인도가 비동맹주의라는 다소 이상주의적인 외교 노선을 걸을 때 과감하게 친서방주의를 표방함으로써 막대한 원조와 군사적 지원을 확보한 측면이 컸다.

파키스탄의 우위는 1971년 인도-파키스탄 전쟁에서 패배하고 동(東)파키스탄이 독립함에 따라 타격을 입는다. 그러나 이는 표면적인 이유일 뿐이고, 사실상 이 시기를 전후하여 파키스탄에 군사정권이 수립되어 군 우선주의 정책을 쓰는 데 따른 경제적 파탄이 더 큰 원인으로 작용한다. 영국의 식민 통치 시절부터 파키스탄 지역에서 군대의 영향력은 절대적이었고, 이는 파키스탄 개국 때도 마찬가지였다. 민간 정부가 수립되었더라도 군의 영향력에서 절대 자유로울 수 없었고, 결국에는 쿠데타로 군사정부가 들어선다. 그러나 불행히도 한국처럼 민족주의와 부국강병을 앞세운 강력한 경제 성장을 주도하는 정부가 아닌 민간이 누리는 중앙정부 권력의 획득과 함께 인도에 대해 군사적으로 압박을 가하는 팽창주의적 목적을 가진 정부였다. 이 과정에서 파키스탄 군사정부는 이슬람 원리주의와 결합하고 서방과 대립하면서 국제사회에서 고립되고 경제적 파탄을 맞게 된다. 인도가 1970년대부터 점차 비동맹주의로부터 탈피하고 대외적으로 개방 노선을 걸으면서 경제적 성장 가도를 구가하는 것과 대조를 보인다.

인도와 파키스탄은 여전히 사사건건 대립하고 있지만, 그 속에는 촘촘하게 연결된 인적 관계와 역사적 유대 관계가 내재되어 있다. 사실상 하나의 국가가 분리된 경우이고, 남북한과는 달리 인적 및 경제적 교류도 가능하기 때문에 유기적인 연계는 여전히 유지되고 있다. 마치 형제간의 싸움으로 볼 수 있는데, 원래 네루와 진나가 영국과 싸운 독립운동 동지였다는 점에서 이러한 유대 관계의 뿌리가 깊음을 알 수 있다. 관건은 세대가 바뀌면서 점차 남남이 되어 가는 과정이 핵보유국 간의 대립 관계에서 어떻게 작용할지 여부다.

인도 북서부 인도–파키스탄 접경 지역에 위치한 와가(Wagah)에는 매일 오후 5시에 국기 하강식이 열린다. 하강 전담 병사는 예전 영국군 제식에서 유래한 하이킥을 선보이는데, 이 과정에서 어느 쪽이 더 높은 발차기를 하는지가 양쪽 군의 자존심을 자극한다. 매일 양쪽에는 수천 명의 군중이 모여 하강식을 관람하지만, 막상 국경을 넘나드는 인원은 수십 명에 불과해 인도와 파키스탄 간의 냉랭한 관계를 보여 준다.

혜초의 인도 여행 경로

혜초의 《왕오천축국전》은 8세기 인도와 파키스탄의 모습을 담은 유일한 기록물로 그 가치가 매우 가치가 크다. 혜초가 세계적인 여행가로 손꼽히는 마르코 폴로(Marco Polo)나 이븐 바투타(Ibn Batūtah) 못지않게 넓은 지역을 다닌 것은 한국인의 DNA에 세계를 무대로 삼는 원대한 기질이 있음을 보여 주는 사례라고 생각한다. 《왕오천축국전》에는 인도의 지리와 기후에 대해 많은 정보가 담겨 있는데, 혜초의 여행 경로는 해상을 거쳐 지금의 인도 동부에 위치한 콜카타 인근에서 시작한다. 갠지스강을 주된 교통로로 삼아 불교의 성지들인 부다가야(Bodh Gayā), 날란다(Nālandā), 라지기르(Rajgir) 등을 방문하고 이어 바라나시(Varanasi)

를 거쳐 서북부로 향하다가 서남쪽으로 급회전한다. 혜초는 인도를 가로질러 중서부 지역에 있는 나시크(Nasik)에 도착하는데, 데칸고원의 북쪽 밑자락을 훑듯이 거쳐 간다. 이는 정글과 질병을 최대한 피하기 위해 정한 경로로 예측된다. 나시크는 지금은 중소도시에 불과하지만, 남서쪽에 아잔타(Ajanta) 동굴이 위치하고 있어 당시 불교의 중심지였을 것으로 짐작된다. 이후 혜초는 다시 방향을 북서쪽으로 돌려 오늘날 파키스탄에 위치한 만수르(브라마나바드)로 향하는데 육로로 이동했다고 알려져 있지만, 나시크와 만수르가 모두 아라비아해 인근 도시이기 때문에 해상으로 이동했을 가능성도 있다고 본다. 만수르는 711년에는 무슬림 왕조인 아바스(Abbās)의 인도 진출 전초기지 역할을 했는데, 혜초가 다녀간 시기가 이와 비슷한 점도 흥미롭다. 어쨌든 혜초는 다시 경로를 북동으로 틀어 지금의 펀자브 지역인 잘란다르(Jalandhar)로 향한다. 혜초의 여행경로는 커다란 'ㄷ'자 형태를 보이는데 이는 라자스탄 사막을 피한 것으로 보인다. 잘란다르에서 중앙아시아로 넘어가는 경로는 인도로 들어오는 유일한 길목인 카이버 패스(Khyber Pass)로 향하는 경로이기 때문에 자연스럽다. 이는 당시 여행 경로에서 혜초가 인도-중앙아시아 여행 경로를 매우 치밀하게 구상했고, 당시 아시아 정세가 외국인이 여행하는 데 큰 문제가 없을 정도로 안정적이었음을 시사한다. 참고로 혜초는 델리를 거치지 않는데 어쩌면 8세기경 델리는 주요 불교 도시가 아니었을 가능성이 있다.

인도 이미지 **2** | 아크릴 | 61*50cm | 2018

제5장

인도
유적지에
숨겨진
사실들

인도에서 찾는
불교 유산

　인도가 불교의 본산지로서 세계적 위상을 구축했던 시기는 대략 기원전 300년부터 기원후 600년 정도이다. 가장 번성했던 시점은 북부 인도의 첫 통일 왕국이었던 마우리아 왕조의 아소카 대제 때였으며, 이 시기에는 부처의 해탈과 열반에 대한 믿음이 인도인들에게 확고하게 자리 잡힌 시점이었다. 당시 최고의 불교 대학교로 일컬어지는 날란다대학(Nalanda大學)이 건립되어 인도는 물론 전 세계 고승들이 모여 최신 불교 교리를 연구하던 시기이기도 했다. 혜초도 이 시기에 《왕오천축국전》을 남겨 놓아 우리 민족에게도 인도는 친숙한 지역이었다. 삼국 시대 초기부터 불교를 전파하러 온 인도 출신 고승들이 적극적인 포교 활동을 했기 때문에 인도는 거리상 한반도에서 먼 나라였지만 낯선 나라는 아니었다. 인도 아유타국의 공주 허황옥(許黃玉)과 가락국의 시조 수로왕의 혼인 설화도 당시 불교의 중요성과 함께 인도와의 교류를 시사하는 이야기로 보인다.

　이렇듯 불교가 동북아의 한반도까지 영향을 미칠 만큼 융성했고, 아시아 곳곳에 불교 유적들을 쉽게 찾을 수 있음에도 불구하고 막상 불교의 본거지인 인도에서는 불교와 관련한 유적이 많이 남아 있지 않다. 아소카 대제의 마우리아 왕조는 현재의 콜카타 주변 벵골 지역부터 서쪽으로는 현재 아프가니스탄의 수도인 카불까지 이어질 정도의 대제국이었고, 이 기간이 불교의 최대 융성기였다는 점을 고려할 때 주요 도시들은 물론 작은 마을 곳곳에 사찰, 탑, 여타 불교 관련 건축물들이 건립되었을 것이라는 점은 의심할 여지가 없다. 우리나라도 불교의 전성기인 통일신라와 고려 시대에 건립된 사찰들이 전국 곳곳에 남아 있음을 생각하면 당연하다. 하지만 델리의 대표적인 유적지는 쿠트브 미나르, 후마윤 황제 묘, 붉은 요새와 같은 이슬람 또는 무굴제국 계통의 건축물들이 전부다. 마우리아 왕조 때 델리도 인도 북서부로 이어지는 전략적 요충지로서 상당한 규모의 사람들이 정착해서 살던 곳이었다. 그럼에도 불구하고 현재 델리에 남아 있는 불교 유적지가 전무한 것은 아무리 오랜 시간이 지나고 외침에 따른 파괴와 약탈이 빈번했다는 점을 감안하더라도 쉽게 납득이 가지 않는다.

현재 인도에서 불교의 발자취를 찾아보기 어려운 이유는 인도 역사의 몇 가지 특수한 상황에서 기인한다. 첫 번째는 기원후 700년경에 발생한 힌두교와 불교의 융합에서 실마리를 찾을 수 있다. 불교의 원형은 자기성찰을 바탕으로 금욕과 참선, 팔정도와 사성제와 같은 방법론을 통해 해탈의 경지에 도달하는 것이 기본 교리다. 불당과 탑과 같은 불교 계통 건축물들은 이러한 경지를 구현하고자 엄숙함과 정제성을 기본으로 삼는다. 우리나라 사찰에서 당연시되는 경건함과 금욕, 살생의 자제를 바탕으로 하는 엄격한 자기 통제는 불교의 기본 교리를 잘 반영한다. 우리나라 불교 건축물의 경우 엄숙함이 부각되었다면, 인도는 아잔타 석굴에서 느낄 수 있듯 경건하고 금욕적인 분위기 속에서도 편안함과 자유로움 간의 균형을 중시했다는 점에서 불교의 근원적 교리를 구현하고 있다. 그러나 힌두교가 다시 융성하면서 불교 예술과 건축물은 힌두교 교리의 영향을 받아 점차 변형되기에 이른다.

인도 중부에 소재한 카주라호(Khajurāho) 힌두 사원에는 수십여 종류의 가지각색의 성행위가 조각된 것으로 유명하다. 아잔타 석굴 인근에 위치한 엘로라 석굴도 카주라호 사원과 마찬가지로 남성의 성기를 숭상하는 '팔루스(phallus)' 중심의 석조물과 농염한 자세의 여체를 조각했다. 이러한 건축 양식을 가진 힌두교 사원들이 점차 득세하고 인도인의 신앙생활도 힌두교를 중심으로 재편되면서, 불당과 불교 예술도 힌두교에 영향을 받아 변질되기 시작한다. 가장 대표적인 사례가 500년대 이후에 건축된 아잔타 19호 석굴인데, 이곳에 그려진 부처는 중생을 열반으로 인도하는 구도자의 자세가 아닌 현세의 쾌락과 즐거움을 한껏 즐기는 모습으로 나타난다. 구도의 정진을 방해하는 잡귀들을 퇴치하는 사대천왕은 사라지고, 대신 아기 천사가 나타나 열반에 도달한 행복을 한껏 뽐낸다. 이러한 변화는 당시 번창하는 힌두교에 대응하기 위한 편법이었는지, 아니면 교리상 힌두교가 불교 교리를 제압한 것인지는 알 수 없다. 그러나 이 시대에 연명하던 불교는 더 이상 경건함과 깨달음을 추구하는 종교가 아닌 현세의 쾌락을 받아들이는 모습으로 변질된 것은 확실하다. 그리고 이러한 추세는 이슬람 세력이 본격적으로 인도에 진출하기 시작한 1100년경에는 힌두교와 구별이 어려울 정도로 전락한다. 이슬람교에 있어 우상숭배 금지는 가장 기본적인 율법 중 하나다. 우상숭배에 따른 폐해는 성경에도 잘 나타나 있는데, 이슬람교 또한 이를 매우 중시하여 엄격하게 지켰다. 이런 이유로 이슬람교의 수많은 건축물들은 하나같이 조형미와 기하학적인 디자인을 중시할 뿐 마호메트와 같은 주요 인물을 묘사한 초상화나 동상을 찾을 수 없다. 이슬람교도 불교와 비슷하게 금욕을 중시하는 종교이며 일상생활에서의 경건함과 알라신에 대한 예배를 중시한다. 경건함의 추구는 여성의 사회 활동을 제한하는 방식으로도 나타나는데, 무슬림 여성이 외출을 할 때면 얼굴과 온몸을 검은색 천으로 가리는 차도르 착용을 의무화하는 것은 잘 알려져 있다.

이슬람교의 청빈하고 경건한 교리가 인도에서 성행하던 힌두교의 현세적 쾌락주의와 맞닥뜨렸을 때의 문화적 충격은 상상하기 어렵지 않다. 군사적 우세를 앞세워 인도 점령을 시작한 1100년경 인도 곳곳에 진출한 이슬람교도의 입장에서는 도저히 눈 뜨고는 볼 수 없는 기괴하고 적나라한 여체 조각과 성행위 묘사 조형물, 10만이 넘는 신을 숭배하는 것을 당연시하는 다신 교리, 일상생활에서의 남녀 간 자유분방한 교류는 도저히 방치할 수 없는 수준이었다. 따라서 힌두교의 수많은 건축물들의 파괴는 성전(聖戰)인 지하드(jihād)로 여겨질 정도로 최우선시되었다. 이슬람 세력은 일반적으로 점령된 지역의 종교와 문화에 대해 유화적인 입장을 보였지만 당시 힌두교에서 보여 준 실상은 이들이 용인할 수준을 넘어선 차원이었기 때문이다. 인도 북서부를 통해 침입해 갠지스강 유역을 따라 동진했던 이슬람군은 점령하는 부락과 도시마다 힌두교 사원과 불교 사찰을 파괴했으며, 그 과정에서 대부분의 불상과 힌두교 신상들도 참수를 당한다. 이 조형물들은 우상숭배 금지에 배치됨과 동시에 쾌락적 형태의 조형물이라는 점에서 이슬람군의 파괴 대상에 포함되었다.

이렇듯 무슬림의 인도 침투가 지속적으로 이어지면서 1400년경에는 데칸고원 남부를 제외한 대부분 인도 지역은 이슬람의 지배하에 놓인다. 이 시점에는 몇몇 힌두 사원과 아잔타 석굴처럼 존재 자체가 아예 잊힌 유적물을 제외한 대부분 건축물들이 파괴된 후였고, 무슬림 세력은 파괴된 힌두

및 불교 유적지 골자재를 사용하여 모스크를 건립한다. 참수된 불상의 머리
는 방치되다가 19세기 후반부터 골동품 수집상에 의해 대거 유럽으로 반출
되어 오늘날 유럽이나 뉴욕과 같은 대도시의 고급 레스토랑에 장식품으로
전락하여 불자(佛子)들의 마음을 아프게 한다.

아잔타 19호 석굴은 흰 기둥을 좌우로 쭉
배치하고 안쪽 정중앙에 부처님을 안치해
놓았다. 아잔타 10호 동굴 이전에 보이는
경건함이나 고요함과는 달리 화려함이 돋
보이는데. 유럽 여느 궁궐에서 봄 직한 아
기 천사나 달리는 백마 등의 부조는 당시
인도 사회가 바라는 이상향을 불교가 어쩔
수 없이 일정 부분 수용하는 입장이었음을
단적으로 보여 준다.

쿠트브 미나르와 델리 술탄조

서기 600년 중반 아라비아반도에서 마호메트가 창시한 이슬람교는 급속도로 교세를 확장하는데 700년대에 들어서 아라비아반도 전체, 유프라테스강과 티그리스강 유역, 소아시아 그리고 페르시아 지역까지 지배권에 넣는다. 유일신인 알라에 대한 독실한 믿음과 일상생활 속 신에 대한 경건한 참배, 평등주의, 만인에 대한 사랑 등을 중심 교리로 하는 이슬람교는 기존의 기독교나 유대교의 교리를 상당 부분 차용함과 동시에 아랍인들의 생활상을 잘 반영한 덕분에 단번에 세계종교로 거듭났다. 이후 더욱 조직적으로 발전하여 종교적 지도자인 칼리프와 정치적 지도자인 술탄으로 구성된 이원화된 지배 체제를 기반으로 중동의 핵심 세력으로 자리 잡는다.

이슬람 세력이 인도 북부의 험준한 산악지대 요충지인 카이버 패스를 거쳐 인도로 진출한 시점은 대략 기원후 1000년 후반으로, 이슬람교가 세력을 확대하기 시작한 700년으로부터 300여 년이 흐른 시점이다. 지금의 아프가니스탄과 파키스탄을 거쳐 인도에 진출했는데, 산맥과 사막 등 험준한 지형이 큰 장애물로 작용하였다. 이런 지형적 악조건에도 불구하고 이슬람 세력이 인도 북부에 교두보를 확보한 다음 갠지스강 평야 유역을 거쳐 지금의 콜카타인 인도 동부까지 세력을 확대하는 데는 많은 시간이 걸리지 않았다. 그것은 이슬람 세력이 갖췄던 우수한 기마 병력과 이교도와의 싸움을 성전,

즉 지하드로 받아들이고 용맹히 싸운 덕분이었다.

이슬람 세력이 인도의 동부와 남부로 진출하기에 용이한 델리를 수도로 삼고, 델리 술탄조를 수립한 것은 매우 합리적인 선택이었다. 군사적으로는 힌두교 세력을 복속시켰으나 여전히 지방 곳곳에 남아 있는 힌두 계열의 토호 세력이 잔존했기 때문에 국지전을 감수해야 했다. 기후적 요소도 무시하지 못했는데, 1년에 절반 이상 지속되는 40~50도의 폭염을 견디고 싸움을 하기란 쉽지 않았다. 결국 이슬람군은 인도를 점령하고 눌러앉기보다는 폭염을 피해 자신들의 본거지인 북방의 라호르(Lahore)나 사마르칸트로 회군하고 복귀하는 방식을 취했는데, 이러한 회군과 복귀가 손쉬운 곳이 바로 델리였다. 델리 북쪽으로는 펀자브 지역의 평지가 있어 이슬람 기마 병력이 수일 만에 통과할 수 있었고, 남부로는 델리를 끼고 흐르는 갠지스강의 지류인 야무나(Yamuna)강이 있어서 군사와 병참의 신속한 이동에 용이했다.

세계 역사에서의 비중은 미미하지만 델리를 중심으로 세력을 키운 델리 술탄조는 중세 시대에 어울리는 잔인하지만 실력 있는 정복자 군주들을 많이 배출했다. 최초로 델리를 정복하여 델리 술탄조의 초석을 닦은 쿠트브, 광개토대왕에 비견할 만큼 강력한 정복 군주로 군림한 알라우딘 할지(Ala ud-Din Khalji)가 대표적이고, 이 밖에 노예 출신으로 대장군으로 승진하여 술탄 자리마저 침탈한 샹스우딘 일투트미시(Shams ud-Din Iltutmish), 문예 방면에서 큰 역량을 발휘했던 시칸더 로디(Sikander Lodi)도 이 시기를 대표하는 인물들이다. 이들은 1000년 후반부터 무굴제국의 바부르 황제가 인도를 침범하기 시작한 1500년대까지 400여 년간 사실상 인도 북부와 중부 지역을 통치해 왔던 강력한 이슬람 군주들이다.

뉴델리에서 후마윤 황제 묘 다음으로 많은 관광객이 방문하는 쿠트브 미나르는 바로 무슬림 세력이 북부 인도를 점령하고 동부와 중부로 세력 판도를 확대하던 시점에 만들어진 72.5m 높이의 승전 기념탑이다. 피정복자인 힌두인들에게 이슬람의 위대함을 과시하기 위해 한껏 높이 쌓아 올린 쿠트브 미나르는 델리의 첫 정복 군주인 쿠트브 술탄부터 시작해서 일투트미시, 알라우딘으로 이어지면서 200년에 걸쳐 증축한 탑이다. 현재 첨탑 주변은 뉴델리의 녹림 보호 지역으로서 울창한 숲으로 뒤덮여 있는데, 첨탑이 건설된 당시에도 수목이 울창했다는 기록에 따르면 푸른 숲 한가운데 하늘을 찌르듯이 서 있는 쿠트브 미나르는 모든 이들의 경외의 대상이 되었을 것으로 짐작된다.

쿠트브 미나르가 위치한 장소는 원래 힌두 사원이 있던 곳이었는데, 쿠트브가 델리를 정복한 후 사원을 파괴하고 남은 석자재를 재사용해서 이슬람 사원을 건설한 곳이다. 많은 정복 왕조가 피정복 왕조의 궁궐, 성채, 종교 건축물의 석자재를 재사용하여 건축물을 건설하곤 하는데, 쿠트브 모스크도 마찬가지였다. 쿠트브 미나르의 기본 자재와 지금은 폐허로만 남아 있는 쿠트브 모스크의 벽면 자재는 모두 적색 사암인데, 두 건축물의 건자재는 아마도 이전의 힌두 사원을 파괴하고 확보한 적색 사암으로 지어진 것으로 추측된다.

델리 술탄조는 무슬림 세력이 수립한 지배 왕조였지만, 인도에 뿌리를 내린 이슬람교는 본거지인 리야드(Riyadh)와 바그다드(Baghdad)를 중심으로 하는 주류 이슬람교와는 다른 양상을 보인다. 쿠트브 사원의 건축 양식이 대표적인 예인데 이슬람 지역에서 흔히 볼 수 있는 기하학 위주의 직선과 도형 간 조화를 보여 주는 모스크와 기둥 양식보다는 캄보디아의 앙코르와트(Angkor Wat)에나 있을 법한 기기묘묘한 문양으로 기둥들이 장식되어 있다. 이러한 문양을 조각한 석공들은 델리 현지의 힌두교 석공들이었을 것으로 추정되는데, 새로운 지배 계층들은 석공들에게 페르시아 문양으로 조각할 것을 지시했겠지만 힌두교 석공들의 예술적 고집을 꺾을 수 없어, 결국 온전한 이슬람 계열의 건축물 장식이 아닌 힌두-이슬람 하이브리드 건축물이 생겨난 것으로 추측된다.

이렇듯 건축 양식만 봐도 여타 이슬람 건축물과는 다른 모습을 보이는데, 쿠트브 사원에 안장된 알라우딘의 묘나 일투트미시의 묘를 보면, 묘지 문화를 배격하는 이슬람교의 문화와는 달리 성대한 묘지가 만들어져 있다. 이를 통해 인도에 정착한 이슬람인들이 많은 부분 인도인의 문화에 동화되었음을 알 수 있다. 무굴제국 황제인 샤 자한(Shah Jahan) 황제의 황후였던 뭄타즈 마할(Mumtaz Mahal)의 묘로 건축된 타지마할만 해도, 인도에 정착한 무슬림들이 주류적 이슬람교의 교리에서 많이 벗어났음을 보여 준다.

쿠트브 미나르는 200여 년에 걸친 이슬람 왕조가 구축한 델리 술탄조의 역사와 초기 이슬람 세력이 인도 본토의 힌두교도들과 대립하면서 어떻게 공존했는지를 잘 보여 주는 유적지이다. 쿠트브 미나르는 지금도 델리에서 가장 높은 건축물 중 하나로 그 위상을 자랑하지만, 쿠트브 미나르가 세워진 쿠트브 사원은 벽면과 일부 모스크의 기둥, 알라우딘과 일투트미시의 묘를 제외하고는 전부 폐허로 남아 있다. 1300년경 중앙아시아의 새로운 강자로 등장한 티무르 대제가 델리를 약탈하는 과정에서 쿠트브 사원은 파괴되는 운명을 맞이한다. 다행히 쿠트브 미나르 첨탑만은 살아남았는데, 이는 어쩌면 쿠트브 미나르가 이슬람교의 미나레트(minaret)로 매번 꼭대기에서 메카를 향한 예배 시각을 알리는 '아잔(azan)'의 기능을 배려한 것으로 추측된다.

쿠트브 미나르는 미국 워싱턴 DC의 워싱턴 기념탑과 마찬가지로 내부의 계단을 통해 꼭대기까지 올라갈 수 있도록 설계되어 있다. 하지만 최근 수학여행을 온 초등학생들이 쿠트브 미나르 계단에서 목숨을 잃는 사고가 발생한 후 내부 출입이 금지되었다. 쿠트브 미나르는 근처에 있었던 힌두 사원을 부수고 확보한 석재로 만들었기에, 당시 인도인들에게 본보기로 만든 전승탑으로서의 의미가 컸다. 또한 여러 술탄령을 거쳐 증축을 계속하여 72.5m에 달하는 높이를 자랑하면서 오랫동안 델리에서 가장 높은 건축물 중 하나로 군림했다. 쿠트브 미나르 옆에는 2배의 지름과 높이로 건설이 추진되었던 알라이 미나르(Alai Minar)의 흔적이 남아 있는데, 재정 부족으로 공사가 멈춰 현재는 밑동만 덩그러니 남아 있다.

아잔타와
엘로라

아잔타 석굴은 우리나라에도 잘 알려진 세계문화유산 중 하나이며, 인도에서 반드시 방문해야 할 유적지로 손꼽히는 관광 명소다. 담징의 관세음보살을 꼭 닮은 불화(佛畵)가 있고, 석굴암의 원형으로 추정되는 석불상과 조형물들이 20여 동에 달하는 석굴 안에 조각되어 있는 모습은 불교 신자는 물론 일반 관광객들의 탄성을 자아내는 미적 경지를 자랑한다. 석굴암뿐만 아니라 중국의 룽산(龍山) 석굴이나 둔황(敦煌) 석굴의 불상이 아잔타 석굴의 불상을 모델로 삼았음을 쉽게 알아챌 정도로 아잔타 석굴은 불교의 염원과 이상을 잘 담아낸 걸작이다.

그러나 일반 인도인에게 아잔타 석굴은 인도의 중소도시 중 하나인 아우랑가바드(Aurangabad) 근처에 있는 '불교 채색화가 그려져 있는 동굴' 정도로 인식될 뿐 유명 관광지는 아니다. 실제 이곳을 찾는 관광객 상당수는 외국의 불교 신자 또는 일반 관광객들이다. 인도인들 사이에서는 아잰타 석굴은 비슈누 신의 아홉 번째 화신으로 일컬어지는 붓다가 조각되어 있고, 천 년 전에 그려진 아름다운 채색화를 감상할 수 있는 로컬 관광지 정도에 불과하다. 인도에서 불교가 종교로서 생명력을 잃어버렸음을 감안하더라도 역사적으로나 불교예술 차원에서도 의미가 깊은 명소를 외면하는 부분에 대해서는 의문이 생긴다.

이러한 의문에 대한 해답은 아잔타 석굴로부터 약 200km 정도 떨어진 곳에 위치한 또 하나의 관광 명소인 엘로라 석굴에서 그 실마리를 찾을 수 있다. 엘로라 석굴은 시기적으로는 아잔타 후기 석굴이 완공된 지 약 100여 년 후 만들어진 힌두교 계열의 석굴이며, 주로 시바 신을 모신다. 엘로라 석굴은 여러모로 아잔타 석굴과 대조되는데, 우선 석굴이 자리 잡은 지리적 위치에서 양 종교가 지향하는 종교관의 차이를 알 수 있다. 아잔타 석굴은 20m 정도 높이의 산등성이를 깎아서 석굴로 만들었는데, 접근이 쉽지 않은 곳에 위치한다. 외부로부터 격리된 계곡에 위치해 마치 번민과 고통이 가득 찬 사바세계를 벗어나 열반에 드는 듯한 심미주의적 특성과 탈세속적 경외감을 느끼게 한다. 반면 엘로라 석굴은 평지에 만들어져 근처를 지나다가 바로 석굴로 들어갈 수 있을 만큼 접근성이 좋아 친근한 분위기가 있다. 석굴 입구도 훤하게 드러나 있을 뿐만 아니라 서쪽에 위치하여 오후가 되면 20여 개의 석굴 입구에 빛이 환하게 들어차면서 석굴 안의 모습이 가감 없이 드러낸다. 사바세계에서 모습을 숨기려 하는 아잔타 석굴과는 정반대다.

그뿐만 아니라 아잔타 석굴과 엘로라 석굴은 이들이 각각 대변하는 두 종교 간의 차이를 확연히 보여 준다. 아잔타 석굴의 벽화는 불교의 이상향을 잘 보여 주는데, 부처가 해탈한 후 맞이하는 다양한 일화와 중생들에게 깨우침을 설파하는 장면들은 당시 갠지스강 유역의 자연림과 풍요로움을 한 폭의 풍경화처럼 잘 묘사하고 있다. 밀림보다는 훨씬 온화한 수목과 따사로운 아열대기후를 느끼게 하는 아잔타의 채색화들은 한국, 중국, 유럽과 같은 환경과는 다른 온화하고 그윽한 자연환경을 보여 준다. 이러한 분위기는 불교가 내세우는 자비와 생명에 대한 무한한 사랑, 그리고 자기 자신에 대한 관조와 사색 등을 통한 해탈의 추구를 아잔타 석굴만이 내세울 수 있는 분위기로 묘사한다. 아잔타 석굴의 석불 역시 벽화와 더불어 평화로우면서 사색에 잠겨 있는 잔잔한 표정을 짓고 있어, 마치 도솔천에 와 있다는 착각이 들 정도로 완벽한 조화를 자랑한다.

엘로라 석굴은 아잔타 석굴과는 반대로 자극적이고 육감적인 조각으로 가득 차 있다. 곳곳에 여체를 다소 과장되게 조각한 석상이 동굴 전체를 휘감고, 석산 전체를 깎아 만든 카일라사나타(Kailasanatha) 사원은 힌두교 특유의 기교와 화려함을 뽐낸다. 엘로라 석굴은 축제 분위기를 한껏 부추기는데 춤과 음악, 퇴폐적인 쾌락까지 가미된 종교 집회로 이어지기에 충분할 정도로 몽환적인 분위기가 서려 있다. '사원의 하녀'라는 의미의 데바다시스(devadasis) 여사제까지 집회에 가세하면 사원 안 분위기는 그야말로 들끓어 올랐을 것이다. 이는 당시 대세 종교였던 불교의 근엄함에 대항하여 인간 본연의 쾌락을 중시하면서 부상한 힌두교의 결과물로 그동안 억압되어 온 쾌락의 욕구를 충분히 배출하기에 부족함 없도록 조성한 9세기 판 라스베이거스와도 같았다.

지금은 자취를 감춘 불교와 여전히 득세하고 있는 힌두교의 사회 속에서 엘로라 석굴이 지향하는 이데아는 여전히 인도 사회 곳곳에 살아 숨 쉬고 있다. 군무와 흥겨운 노래가 가득 담겨 있는 발리우드 영화는 엘로라 석굴에 흔한 나체 무희와 에로스적인 조각이 그대로 살아 움직여도 이상하지 않을 정도로 생생하다. 결혼식 때 여지없이 등장하는 축제와 화려한 파티 또한 엘로라 석굴의 그림이 그대로 재연되어도 전혀 이상하지 않을 정도의 수준이다. 그런 면에서 엘로라 석굴은 불교를 흡수한 새로운 힌두교의 원형을 보여 준다. 불교의 자비와 생명 존중, 윤회설에 대한 논리를 이어받으면서 불교가 지향하는 엄숙성과 경건함이 인간적 즐거움과 유흥에 대한 관용으로 대체된 것으로 이해한다면, 종교적 관점에서 현대 힌두교의 경쟁력이 불교보다 더 뛰어나다는 생각도 든다.

후기 아잔타 석굴에서는 힌두교의 영향을 받아 변질된 초기 아잔타 석굴의 불상과 다른 모습의 불상들을 만날 수 있다. 사대천왕이 아니라 아름다운 무희 사이에 둘러싸여 있는 붓다는 더 이상 해탈을 추구하는 근엄한 존재가 아니라 곁의 무희를 곁눈질하면서 야릇한 미소를 띠는 쾌락에 심취한 부처다. 마찬가지로 엘로라 석굴 한편에 모셔 있는 불상은 힌두교가 지배하는 세상에서 석양을 무심히 쳐다보는 붓다로 비칠 수밖에 없다. 불교에서 추구하는 이상향과 힌두교가 추구하는 이상향 중 어느 것이 우월한지 판단할 수 없다. 다만 아잔타 석굴에서 불교가 추구하는 이상향을 형상화하기 위해 고심했을 법한 예술 장인들의 정성이 엘로라 석굴에서는 느껴지지 않는 점이 안타깝다.

엘로라 석굴 중 붓다를 모시는 곳으로 석굴 내에 불상의 위치, 주변 석주와 천장 좌우면의 부조, 그리고 후면의 스투파(stupa)는 여러모로 아잔타 제19호 석굴을 모티브로 삼은 것으로 보인다. 그러나 아잔타 석굴에서 느낄 수 있는 석굴 내면의 조밀함이나 예술적 아름다움, 구형에 가깝지만 살짝 봉긋한 스투파의 섬세함은 엘로라 석굴에서 찾아보기 어렵다.

델리의
찬드니 초크

델리의 북부 지역을 통칭하는 올드 델리 중심부에는 찬드니 초크라는 상업 구역이 있다. 서울 남대문시장에 비견되는 곳으로 비좁은 골목길에 빈틈 없이 채워진 중소 상가들로 구성된 상업 밀집 지역이다. 포목상, 중고서점, 의류상, 잡화상 등이 모여 있어 세상의 모든 물건을 찬드니 초크에서 찾을 수 있다고 우스갯소리를 할 정도로 규모가 상당하며, 델리 시민들은 저렴한 가격에 물품을 구입하기 위해 입담 센 가게 주인과의 한판 흥정을 감수하면서 이곳에 찾아온다. 델리 곳곳에 새롭게 들어서기 시작한 현대식 쇼핑몰이나 마트와는 달리 옛 인도의 정취를 느낄 수 있는 곳으로, 외국 관광객들은 인도의 시끌벅적 하면서 지저분한 골목길 분위기를 체험하기 위해 기꺼이 1달러짜리 인력거에 올라타고 이 지역을 순회한다.

찬드니 초크에 대한 외국인들의 평가는 극단적으로 나뉜다. 아비규환과 같은 시장 바닥 분위기에 질려 다시는 오지 않겠다는 사람도 있는 반면, 이곳이야말로 인도의 정수를 보여 주는 곳이라고 감탄하는 사람도 많다. 그러나 떠들썩한 시장에 대한 호의 여부를 떠나 찬드니 초크에서 무굴제국 수도의 위상을 읽어 내는 사람은 드물다.

찬드니 초크는 올드 델리의 한복판, 정확히 얘기하면 무굴제국의 황궁이었던 붉은 요새의 라호르문(Lahore門) 앞에 펼쳐진 대로(大路)에 위치해 있다.

마치 광화문 앞의 세종로처럼 황궁의 정문인 라호르문 앞에 펼쳐져 있던 대로로, 그곳은 당시 무굴제국의 상업과 문화의 중심지면서 아울러 고관대작의 거주 구역이었다.

지금은 지저분하고 상인들의 흥정 소리로 시끌벅적하지만 찬드니 초크의 건물들을 유심히 살펴보면 시장과는 어울리지 않는 구조물들이 눈에 띈다. 섬세하게 조각된 3층 건물의 발코니, 상점 초입에 일렬로 잘 세워져 있는 기둥 구조물, 시커멓게 때가 껴 있지만 세련된 디자인으로 장식된 창틀이나 벽 문양을 보면, 순간적으로 지금의 찬드니 초크가 아닌 무굴제국의 전성기 시절이 거리 모습이 떠오른다. 깨끗한 대리석 건물 사이로 다니던 마차와 유유히 흐르는 냇물과 분수, 그리고 풍류를 즐기던 당시 문학인과 예술인의 시와 음악 소리가 환상처럼 펼쳐진다. 이것은 마치 1900년대 뉴욕의 부유층들이 거주했던 맨해튼 지역 북쪽에 위치한 수많은 저택들이 현재는 저소득층이 거주하는 아파트로 개조되어 외벽이나 두툼한 페인트로 가려진 건물 내부의 계단, 창틀, 기둥과 같은 구조물 속에 당시 부유층들의 생활상을 짐작해 볼 수 있는 것과 마찬가지다.

찬드니 초크 구역이 생긴 것은 붉은 요새가 건설되었던 17세기경이다. 이 지역은 200여 년 정도 전성기를 구가하다가 무굴제국이 쇠약해지고 델리가 외세의 침략을 받으면서 쇠락한다. 두 번에 걸친 델리 함락이 찬드니 초크의 쇠락을 초래했다고 하는데, 한 번은 1757년 아프가니스탄의 아마드 샤에 의해 델리가 유린당하는 시점이고 또 한 번은 1857년 세포이 항쟁 시 델리를 함락한 영국군에 의한 침탈이라고 한다. 특히 세포이 항쟁에 대한 영국군의 보복은 당시로써는 보기 드문 정도로 심각한 학살과 문화 파괴가 자행되었다. 당시 세포이 반군은 명목만 유지했던 무굴제국의 바하두르 자파르(Bahadur Zafar) 황제를 꼭두각시 삼아 영국군에 대항했다. 이 과정에서 델리에서 포로로 잡혀 있던 많은 무고한 민간 영국인들이 죽임을 당했는데, 영국군은 델리를 함락한 다음 이를 빌미로 그나마 남아 있던 무굴제국의 모든 고관대작을 몰살시키고 이전의 아프가니스탄군이 자행했던 약탈과 도시 파괴가 약과일 정도로 델리를 쑥대밭으로 만들었다. 이 과정에서 찬드니 초크는 돌이킬 수 없는 피해를 입고 폐허로 방치된다. 이후 일반 시민이 하나둘 모여 상가를 조성하는데, 지금의 왁자지껄한 상가는 그때부터 시작되었다.

찬드니 초크에는 힌두교, 자인교, 시크교 사원이 나란히 있고, 골목길 안으로 들어가면 이슬람 사원도 찾을 수 있는데, 이를 통해 당시 인도 종교관의 특성이 드러난다. 무굴제국이 건국 초기에 번영을 누릴 수 있었던 가장 큰 이유는 종교에 대한 관용이다. 붉은 요새와 찬드니 초크를 건설한 샤 자한 황제도 이러한 관용을 실천했던 황제로 황궁 바로 앞에 인도인이 믿는 대표적 종교의 사원들을 일렬로 나란히 건립함으로써 인도인과의 화합을 장려했다. 서울 세종로에 사찰, 성당, 교회가 나란히 세워져 있다고 상상하면 되는데, 현대처럼 종교의 자유가 보장된 시대의 시각으로 봐도 파격적인 조치가 아닐 수 없다.

오늘날 무굴제국의 고관대작들이 거주했던 저택은 허름한 상가로 전락했고 당시의 정취는 장터 분위기로 바뀐 지 오래다. 그렇지만 그 속에서 현대 인도의 건강한 삶의 현장을 경험할 수 있고, 일반 인도인들의 생활상을 엿볼 수 있는 즐거움이 있다. 각종 각양의 가게와 더불어 인도를 대표하는 모든 종교의 사원이 나란히 위치한 찬드니 초크에서는 각 종교에 특화된 찬송

곡 및 예배 소리가 들려오고, 각 종교에 특화된 예복을 입은 사제들의 모습도 쉽게 볼 수 있다. 옷감 하나만으로 몸을 가린 자인교 사람, 둥근 터번을 쓴 시크교 사람, 차도르로 온몸을 가린 무슬림 여성이 서로 제각각 자신의 할 일을 하면서 분주하게 움직인다.

찬드니 초크 대로변에 힌두교, 자인교, 시크교 사원이 있다면 안쪽에는 인도에서 제일 큰 이슬람교 사원인 자마 마스지드(Jama Masjid) 모스크가 있다. 모스크 주변 구역은 델리의 대표적인 무슬림 밀집 거주 지역으로 마치 중동에 온 것 같은 분위기를 느낄 수 있는 곳이다. 한편 무굴제국의 지배층으로서 수백 년 동안 인도인을 다스려 온 무슬림들이 이제는 소수민족으로 전락하여 뉴델리의 중심지가 아닌 올드 델리의 찬드니 초크 구역에서 살고 있는 모습에서 세월의 무상함을 느낀다.

찬드니 초크는 명성에 걸맞게 복잡하게 뒤엉킨 인파, 차량, 화물들로 항시 북새통을 이룬다. 그러나 가게의 대문이나 2층에 보이는 발코니와 난간은 허름한 뒷골목과는 어울리지 않는 균형 잡힌 장식과 예술미를 내비치고 있어 윤택했던 과거 시절을 떠올리게 한다.

　그리고 가장 초연해지는 대목은 이러한 역사에 대한 인도인의 무지에 있다. 일반 뉴델리 시민에게 찬드니 초크는 구(舊)시가지의 시장 거리에 불과하다. 무굴제국 때 이 지역이 수도의 중심지로서 인도 전역의 재물과 곡물이 거래되었던 장소였으며, 고관대작이 거주했던 인도의 맨해튼으로 기억하는 사람은 아무도 없다. 물론 자신들을 지배한 외래 민족들의 잔재이기 때문에 굳이 끄집어 낼 필요가 없다고 생각할 수도 있다. 또한 100년이라는 시간은 한편으론 3대의 세대가 지나간 긴 시간이기도 하다. 3대째로 내려오면, 1대인 조부모에 대한 이야기는 부모님 세대로부터 일부분만 전해 내려오게 되고, 점차 잊히는 게 순리다. 그러나 먼지와 오물에 가려진, 한때 화려했을 찬드니 초크 건축물의 잔상은 부귀공명의 덧없음과 역사의 무정함을 느끼게 한다.

라자스탄,
남쪽과 북쪽의 흥망

'왕들이 사는 땅'이라는 의미의 라자스탄은 인도의 자존심이라고 여겨질 정도로 유구한 역사와 강렬한 민족성을 자랑한다. 인도는 비옥한 영토를 바탕으로 농업이 발달하다 보니 주변 지역에 비해 부유했는데, 이러한 조건 탓에 주변 북방 민족의 외침을 꾸준히 겪었다. 북방 민족의 침입에 항거하여 치열한 항쟁을 벌인 힌두교인들이 있는데, 이들은 히말라야산맥 서부, 즉 이란과 중앙아시아 접경 지역의 펀자브인들과 라자스탄인들이었다. 델리를 기준으로 펀자브는 북쪽, 라자스탄은 서쪽에 위치한다. 이들은 무굴제국의 인도 침략이 본격화되던 시점에 인도 역사에 등장하는데, 특히 라자스탄과 무굴제국 간의 사투는 전장에서 인도인들의 강인함을 세계적으로 알리는 계기가 되었다.

무굴제국이 100여 년간 전 인도를 휩쓸 때 이들에 맞서 끝까지 항거한 지역이 바로 라자스탄이다. 라자스탄 지역은 건조한 산악 지형으로 천혜의 요충지였다. 델리를 향하는 동쪽은 험준한 산맥이 무굴제국의 정예 중앙군을 막았고, 중동을 향한 서쪽은 이란까지 이어지는 사막으로 가로막혀 그 어떤 외침에도 보호를 받는 지형적 여건이 마련되어 있다. 라자스탄인 가운데 무인 귀족을 통칭하는 라지푸트(Rajput)들은 일반 인도인들에 비해 체격이 크고 강건한 신체를 지녔고, 힌두교도임에도 불구하고 그리스의 스파르타처럼 무예를 숭상하였다.

무굴제국은 델리와 더불어 델리로부터 200km 남쪽에 위치한 아그라 (Agra)를 제국의 중심부로 삼았다. 무굴제국은 동쪽으로는 갠지스강을 따라 동진하여 벵골 지역을 복속시키고, 남쪽으로는 데칸고원을 넘어 남벌을 단행할 계획이었으나 제국의 중심부 바로 옆구리에 위치한 라자스탄을 복속시키지 못해 인도 전역을 정벌하는 데 큰 걸림돌로 작용하였다. 따라서 아크바르 (Akbar) 대제부터 아우랑제브 황제 시대에 이르기까지 지속적으로 정예군을 보내 라자스탄 정벌을 시도하지만, 라자스탄 영주들의 농성전에 번번이 막히는 바람에, 결국 반독립적인 지위를 인정하는 수준에서 타협을 본다.

하지만 길고 긴 전쟁 과정에서 상당수의 라자스탄 영주들은 무굴제국에 복속하게 되는데, 결정적인 단초를 제공하는 것은 자이푸르(Jaipur) 지역의 카치와하 영주이다. 델리로부터 불과 200km 떨어진 곳에 위치한 자이푸르는 라자스탄에 진입하기 위해 필수적으로 통과해야 하는 협곡을 통제하고 있었다. 그러나 바르말 카치와하(Bharmal Kachwaha) 영주는 1561년 무굴제국과 화친을 맺음으로써 사실상 라자스탄으로 들어오는 길목을 열어 준다. 무굴군은 자이푸르 지역이 자신의 통제하에 놓이자 대군을 몰아쳐 라자스탄 점령에 나선다. 영화 〈300〉으로 유명한 그리스의 테르모필레(Thermopylae)나 만주에서 중원으로 진출하기 위해 필연적으로 통과해야 하는 산해관(山海關)이 함락된 것과 유사한 상황이었다. 물론 수많은 라자스탄 영주들이 무굴군의 공격을 막아 내지만 상당수는 무굴군에게 패해 도성이 함락하고 목숨을 잃는다.

자이푸르 영주는 무굴제국과 타협함으로써 라자스탄의 막대한 상권을 장악한다. 그리고 오늘날 인도의 관광 명소로 유명한 암베르(Amber) 요새와 자이푸르 궁전, 하벨리(Haveli) 후궁 처소 등 라자스탄의 대표적인 건축물들을 남긴다. 이들 건축물은 무굴제국 건축 양식과 더불어 힌두교 특유의 화려한 디자인이 잘 어우러진 미적 아름다움을 자랑하지만, 그 배경에는 무굴제국과의 타협을 통해 거둬들인 막대한 부와 함께 라자스탄인들의 희생을 초래한 변절이 자리하고 있다. 물론 전 인도를 석권한 무굴제국에 언젠가는 복속할 수밖에 없다는 냉정한 현실과 힌두교의 유려한 문화적 유산을 지켜 냈다는 역사적 의의를 무시할 수 없기에 자이푸르 영주의 선택을 일방적으로 비판할 수는 없을 것이다.

라자스탄의 긍지를 희생하여 현실과 타협한 자이푸르가 현명한지, 아니면 결사항전을 내세운 메와르(Mewar)가 현명한지는 판단하기 어려운 문제다. 아크바르 대제는 라자스탄 제후국 중 하나인 메와르를 공략하기 위해 친위군을 앞세워 총공세에 나선다. 16세기 세계 최강의 군대로 인정받는 무굴제국 친위대의 숙련된 공성전 앞에 메와르군은 난공불락의 요새로 유명한 치토르가르(Chittaurgarh) 요새에서 농성전을 펼치지만, 대포 폭격과 각종 공성 무기의 총공세 앞에 함락을 목전에 둔다. 이 시점에 치토르가르에 남아 있던 잔여 병력은 옥쇄를 각오하고 라자스탄이 자랑하는 '자우하르(Jauhar)'를 준비한다. 성 한복판에 큰 불을 피워 놓고 성안의 모든 여성이 불안에 뛰어들어가 죽음을 맞이하는 죽음의 축제인 '자우하르'를 펼치면서 2만여 명의 메와르 병력은 마지막 전투에 임한다. 이들은 술과 마약을 복용한 상태에서 성문을 열고 죽음의 돌격을 감행한다. 용맹한 메와르 병력은 최후의 1인까지 싸우다가 전멸을 당하고, 치토르가르는 끝내 함락된다. 아크바르 대제는 1년에 걸친 치토르가르 전투를 통해 라자스탄의 결연한 의지를 깨닫고 전면전 대신 영주들의 딸과 혼인을 맺는 화친 정책으로 돌아선다. 결국 라자스탄은 무굴제국의 지배하에 놓이지만, 메와르 항쟁 덕분에 자치를 유지하는 지역으로 예우를 받는다.

라자스탄은 지금도 아름다운 지역으로 정평이 나 있고, 그중 자이푸르, 우다이푸르(Udaipur), 조드푸르(Jodhpur)와 같은 도시는 전 세계의 관광객들이 찾는 명소로 잘 알려져 있다. 이들 도시가 유명한 이유는 힌두교의 예술이 근대로 들어와 보다 발전적으로 해석되면서 여타 힌두교 유적의 특징인 기기묘묘한 조각 예술이 한 차원 더 원숙해졌고, 당시 근세 서양 예술과 무굴제국의 예술이 잘 어우러져 보다 아름답게 발전한 문화 형태를 구경할 수 때문이다. 이렇듯 예술과 건축 문화를 통해 느낄 수 있는 라자스탄의 발전된 모습은 북부 라자스탄의 무굴제국과의 타협, 남부 라자스탄의 무굴제국에 대한 완강한 항쟁 구도 속에서 라자스탄의 독자적인 민족성과 무인으로서의 긍지를 통해 보존된 것으로 그 의미가 크다고 하겠다.

암베르 요새는 자이푸르로 넘어가는 아메르(Amer) 고개에 위치한 천혜의 요새다. 이곳에 중화기를 배치할 경우 웬만한 적군들은 고개 초입에서 포 세례를 맞고 전멸당할 정도로 요새의 위치가 전략적이다. 암베르 요새는 1000년경 정착되었고, 1600년경에 지금과 같은 형태로 요새화되었다. 사실 암베르 요새는 델리의 붉은 요새와 마찬가지로 궁궐의 역할을 겸했었고, 암베르 요새보다 더 위에 위치한 자이가르(Jaigarh) 요새가 군사적으로 진정한 요새 역할을 맡았다.

타지마할의
의미

타지마할은 무굴제국 5대 황제인 샤 자한 황제가 사별한 뭄타즈 마할 황후의 넋을 기리기 위해 만든 묘당으로 인도를 대표하는 세계적 건축물이다. 뭄타즈 마할 황후는 샤 자한의 14번째 아이를 출산하는 과정에서 사망했는데, 자신을 위한 멋진 건물을 지어 줄 것을 유언으로 남긴다. 두 사람의 드라마 같은 사랑 이야기는 지금까지도 현대인들에게 회자될 정도이다.

그러나 타지마할에 대한 일반 인도인의 견해에는 미묘한 정서가 서려 있다. 타지마할이 워낙 세계적인 관광 명소이다 보니 인도인들은 관광객들이 타지마할을 방문하는 것을 당연하게 여긴다. 그리고 타지마할을 방문한 관광객들로부터 타지마할의 아름다움에 대한 칭찬을 듣는 것을 즐긴다. 하지만 인도인에게 타지마할은 자신들을 지배한 무굴제국의 건축물이며, 힌두교와 대척점에 있는 이슬람교 사원이라는 점에서 타지마할에 대해 복잡한 감정을 가질 수밖에 없다. 물론 이를 과거로 받아들일 뿐 인도가 전 세계에 자랑스럽게 내놓는 인류 문화유산으로서 타지마할에 애정을 가지며, 매년 수백만 명의 인도인들이 다녀가는 관광 명소이기도 하다.

타지마할 건설에 소요된 기간은 총 22년이다. 수만 명의 일꾼들이 투입되어 무덤을 지었는데, 아무나 차출된 것이 아니라 당시 최고의 기술을 갖춘 건축가와 전문 기술자들이 투입되었다. 기능공도 가장 신뢰할 수 있는 부족들로 투입하였고, 임금도 확실하게 지불했기 때문에 중국의 만리장성을 건설할 때와 같이 대규모 인력 차출과 공기(工期)를 맞추기 위한 일꾼들의 강제 노동과 학대는 없었다. 타지마할 외곽에는 타지마할을 관리하는 전문 인력들과 가족들의 거주 공간이 따로 마련되어 있었는데, 건설 단계는 물론 완공 이후 사후 관리까지 철저하게 준비한 점을 볼 때 타지마할을 완벽한 건축물로 만들기 위해 얼마나 많은 공을 들였으며, 이를 위해 비용을 아끼지 않았음을 알 수 있다.

17세기 시공 능력이 현대에 비해 많이 뒤떨어졌지만, 타지마할 규모의 건축물을 짓는 데 22년이라는 긴 시간이 필요하지는 않다. 타지마할 건축에 연간 2만 2천 명의 인력이 투입되었음에도 22년이나 걸렸다는 사실은 샤 자한 황제가 타지마할을 완벽한 건축물로 만들기 위해 세심한 정성과 각고의 노력을 기울였음을 시사한다. 코란 문구를 유려한 아랍어 서체로 새겨 놓은 벽면, 각종 보석으로 장식한 상감(象嵌)은 타지마할에 공예품과 버금가는 정성과 시간을 들였음을 짐작하게 한다. 실제로 타지마할을 멀리서 바라

타지마할은 사진을 찍는 각도에 따라 여러 색상으로 연출할 수 있다. 이 사진은 오전 7시에 찍은 것으로 떠오르는 햇살을 받아 밝게 빛나는 동편과 그림자 속에서도 찬란한 서편의 대조가 시선을 끈다.

보면 완벽한 균형미와 조형미를 자랑하는 데다가 가까이서 보면 대리석 벽면만 봐도 예술품으로 대우받을 수준의 조각과 상감이 되어 있어 단순한 건축물 이상의 특별함을 가진다. 거시적 균형미와 미시적 세밀함의 조화는 세계 그 어떤 건축물에서도 찾아볼 수 없는 독보적인 위상을 자랑한다.

그러나 타지마할의 건설 과정에서 토착 인도인들의 참여는 단순한 현장 노무자로서의 자격 외에는 제한적이었다. 타지마할의 디자인은 페르시아인 우스타드 이사(Ustad Isa), 이탈리아인 제로니모 베로네오(Geronimo Veroneo), 프랑스인 오스탱 보르도(Austin de Bordeaux)가 공동으로 맡았다. 전체적인 건물 양식은 후마윤 황제 묘에 적용한 페르시아식 돔형 모스크를 기본으로 삼고, 당시 유럽의 절대왕정 건물 디자인들을 많이 차용했다. 그래서 타지마할 외벽의 우아한 조각, 부조, 상감 기법들은 힌두교 사원에 쓰인 기교보다는 오히려 프랑스의 궁전에서 봄 직한 디자인을 더 많이 접할 수 있다. 이런 세밀한 조각을 담당했던 석공이나 장인들도 인도인들이 아닌 바그다드나 콘스탄티노플, 또는 유럽에서 거액을 받고 초빙해 온 장인들이 도맡았다는 점에서 토착 인도인과 유리된 부분을 느낄 수 있다.

타지마할은 유럽, 중동, 인도의 조형미가 잘 어우러졌다는 평가를 받는다. 그러나 타지마할이 건설된 시기 인도는 예전의 문화적 · 예술적 위상을 잃은 지 오래였다. 이는 1100년대부터 500년에 걸쳐 계속된 이슬람 세력의 인도 공략에 따른 불가피한 결과였다. 수많은 힌두교 사원들이 파괴되고, 사제들이 억압받다 보니 인도의 문화와 예술을 장려하는 상위 계급이 몰락하는 한편 그 과정에서 수천 년간 전승되어 내려오던 예술인과 장인 계층도 함께 소멸하였다. 당시 무굴제국은 인도 예술을 천대했는데, 이는 단순히 피지배 민족에 대한 억압 말고도 인도 예술의 수준이 그다지 높지 않은 탓이 크다. 예술과 공법에 조예가 깊었고 최신 유행의 건축물에 대한 관심이 많았던 샤 자한 황제의 입장에서 쇠락한 인도의 건축 기법은 애초에 관심 대상에서 벗어나 있었다.

그리고 타지마할 건설이 무굴제국의 재정 파탄을 초래해서 제국의 쇠퇴를 촉진했다는 견해가 있는데, 실상은 그렇지 않다. 타지마할이 건축되던 1643년 당시 무굴제국은 엄청난 재정 흑자를 누리고 있었다. 당시 황제였던 샤 자한과 이전 황제들이 인도 공략 과정에서 챙긴 막대한 전리품과 인도 각지로부터 거둬들인 세수가 축적된 상태였다. 현대 재정이론의 관점에서 볼 때 재정 흑자가 너무 클 경우 경제를 위축시키고 디플레이션을 유발한다. 더 나아가 국고에 쌓은 전리품을 둘러싼 황실과 공신 등 권력가들의 암투는 지배층의 균열로 이어지기 때문에 샤 자한 황제는 이를 비용 처리하는 것이 낫다는 판단하에 타지마할 외에도 아그라 요새와 델리의 붉은 요새까지 짓는 엄청난 규모의 토목 공사판을 벌인 것으로 추정할 수 있다. 이렇게 엄청난 규모의 토목공사를 했는데도 재정적으로 큰 타격을 입지 않았다는 사실은 무굴제국이 거둬들이는 세수 규모가 얼마나 컸으며, 왜 무굴제국이 당시 세계 최강 국가로 인정받았는지를 보여 준다.

따라서 현대 인도인들에게 타지마할은 무굴제국이 인도 침략 과정에서 약탈한 무수한 재화와 인도 농민들로부터 수탈한 조세, 그리고 힌두교 고유 문화유산의 파괴로부터 탄생된 문화유산이라는 점에서 복잡한 심정을 가질 수밖에 없다. 1707년 아우랑제브 황제의 사망 이후 타지마할은 방치되었고, 영국이 본격적인 식민지 경영을 시작한 시점이 되어서야 다시 관심의 대상으로 떠올랐다. 식민 통치 초기 영국총독부는 타지마할의 대리석을 건축자재로 재활용하기 위해 건설업자에게 헐값에 넘기는 방안까지 모색할 정도였으니 타지마할에 대한 인도인들의 무관심을 어느 정도 짐작할 수 있다. 그러나 영국인들의 역사 유물에 대한 관심과 이에 따른 보호조치로 인해 타지마할은 주요 사적지로 보호받게 되었고, 21세기 들어 현대 인도를 대표하는 관광지로 부상한다. 매년 천만 명의 국내외 관광객을 끌어모으는 세계적인 문화유산지로 탈바꿈하면서, 인도인들은 실용주의적 입장에서 타지마할을 주요 문화재로 관리하고, 델리에서 타지마할을 연결하는 전용 고속도로를 부설하는 등 특급 관광 명소로 대우하기에 이른다.

타지마할이 민족성과 종교성을 초월한 가치를 보유한 데 대해 영국인들도 그 가치를 인정하면서 한편으로 유발된 경쟁 심리로 인해 타지마할에 견줄 수 있는 건축물로 콜카타에 빅토리아 기념관을 건립한다. 미국 국회의사당과 타지마할을 결합한 하이브리드 형태의 건축물에서 어떻게든 타지마할을 능가하려고 애썼던 영국인의 경쟁심을 엿볼 수 있다. 현대 인도에 들어서는 힌두교도들이 성금을 모금하여 타지마할과 경쟁할 수 있는 악사르담(Akshardham) 사원을 델리 근교에 건립한다. 악사르담 사원은 멀리서는 웅장한 자태를 감상할 수 있고, 가까이에서는 외벽과 기둥에 새겨진 수많은 부조와 조각의 아름다움을 감상할 수 있게 했는데, 이러한 사원의 모습을 통해 균형미와 섬세함을 자랑하는 타지마할과 경쟁하려는 인도인들의 심리를 짐작할 수 있다.

타고르는 타지마할을 ‘시간의 보조개 위에 놓인 눈물방울’이라고 표현했다. 타지마할이 갖는 아름다움의 절정은 고요한 밤에 안개가 드리워질 때

살포시 드러나는 자태라고 하는데, 타고르의 표현은 이러한 모습을 잘 묘사하고 있다는 평가를 받는다. 탐미주의의 대가인 타고르가 샤 자한 황제와 뭄타즈 황후 간의 애틋한 사랑을 눈물방울로 형상화한 것으로 보이지만, 어쩌면 무굴제국의 침탈로 인한 인도인들의 고통과 눈물이 세계적인 걸작으로 오롯이 남겨졌다는 은유적 표현일지도 모른다는 생각이 든다.

악사르담 사원은 델리에 위치한 힌두 사원으로 2005년에 건립되었다. 수도로서 천년의 역사를 가진 델리지만 델리를 통치한 제국은 이슬람 세력이나 영국 등 외래 세력이었기 때문에 인도인의 수도로 자리 잡은 시점은 1948년 이후다. 델리를 방문하는 관광객들은 붉은 요새, 후마윤 황제 묘, 쿠트브 미나르, 중앙정부청사를 보고 감탄하지만, 아이러니하게도 이들 건물은 모두 이슬람 세력이나 영국이 건축한 건물들이다. 하지만 인도인들의 염원을 담은 악사르담 사원은 시간이 흐르면서 델리를 대표하는 건물로 자리 잡을 것으로 믿는다.

알라우딘과 몽골 남진의 저지

델리 술탄조의 2대 왕조를 할지 왕조라고 일컫는다. 할지 왕조의 2대 술탄인 알라우딘 할지는 강력한 군사력을 바탕으로 델리 술탄조의 지배 영역을 데칸반도까지 확대하였고, 이후 인도에서의 델리 술탄조의 지배를 확고히 할 수 있도록 세제, 재정, 행정제도를 구축했다. 알라우딘은 영토를 확장하는 과정에서 수많은 인도 남부 토속 왕국들을 복속시키고 자신의 지배에 항거하는 수많은 인도인들을 학살하는 절대군주로 군림하기 때문에 인도인들에게는 달갑지 않은 존재다. 그러나 알라우딘의 강력한 군사력은 당시 인도로 남진을 시도하던 몽골의 차가타이한국을 가로막았는데, 이는 전 세계에서 유일하게 몽골 세력을 저지했다는 점에서 역사적 의의를 가진다.

고려를 복속시키기 위해 수시로 한반도 침공을 가했던 것처럼 몽골의 차가타이한국 또한 인도 침공을 계속한다. 1295년부터 1305년까지 거의 매년 펀자브 지역을 거쳐 델리로 남진을 시도하는데, 번번이 알라우딘의 북부군에 의해 저지당한다. 알라우딘은 수하로 하여금 몽골의 남진을 막으면서도 본인은 인도 남벌을 계속 진행하는 대담함까지 보인다. 그만큼 알라우딘은 자신의 군사력과 전략에 자신이 있었고, 실제 데칸고원까지 영토를 확장하면서도 매년 펀자브 지역으로부터 델리로 진격해 내려오는 몽고군을 제압하는 데도 성공한다.

1200년대 후반이 되면서 몽골군이 우세를 점하는 데 큰 기여를 했던 기마 병력이나 복합궁은 다른 나라의 군대에도 보편화된다. 이때 알라우딘도 이미 복합궁을 사용하는 궁병 부대를 보유했었고, 인도 지형에 특화된 기마 부대와 코끼리 부대까지 구축해 놓았기 때문에 몽골군과 대등하거나 오히려 우세하다고 평가받는 군사력을 갖춘 상태였다. 더욱이 당시 알라우딘이 수도로 삼았던 남쪽 델리 지역인 메라울리(Mehrauli)는 울창한 숲 지대였기 때문에 몽골군이 자랑하는 기습 공격이나 화살 공격, 공성전 등이 효과를 발휘하기 어려웠다. 알라우딘은 이러한 지리적 이점을 활용하여 몽골군을 저지하였고, 한번은 2만 명의 몽골군을 포로로 붙잡아 이들을 코끼리로 압살시키는 위세를 보였다. 몽골군에게 알라우딘이 공포의 대상으로 떠오르면서 알라우딘 휘하 장군인 가지 말리크(Ghazi Malik) 사령관은 아예 코끼리 부대를 대동하고 차가타이한국의 중심부인 카불과 칸다하르(Kandahar)로 북벌을 단행할 정도였다. 역사상 몽골군과 전장에서 대등하게 싸우고, 오히려 수세로 몰아붙인 사례는 알라우딘이 유일하다는 점에서 알라우딘의 존재감을 느낄 수 있다.

지금은 폐허만 남은 알라우딘의 마우솔레움(Mausoleum)은 쿠트브 사원 안에 위치해 있다. 알라우딘의 마우솔레움은 몽골 차가타이한국의 후계자인 티무르에 의해 델리가 함락된 이후 제일 먼저 징벌의 대상이 되었다고 한다. 알라우딘이 차가타이한국을 농락한 것에 대해 분풀이하는 것처럼 마치 살을 발라내듯이 마우솔레움의 외벽만 긁어내어 혹독한 몰골로 내버려 두었다. 티무르에 의해 델리 남부는 더 이상 수도의 기능을 할 수 없을 정도로 철저하게 파괴당했고, 이후 중심지를 북쪽의 찬드니 초크 지역으로 옮기면서, 이곳은 후대 무굴제국의 수도가 된다.

참고문헌

John Keay, *India, a History*, Grove Press, 2000.

Shashi Tharoor, India, *From Midnight to Millenium and Beyond*, Penguin Book, 1997.

Skand Tayal, *India and the Republic of Korea: Engaged Democracies*, Routledge, 2013.

Rajat Kathuria, *Forty Years of India-Korea Relations and Looking Ahead*, Academic Foundation, 2013.

Alex Rutherford, *Empire of the Moghul*, , Headline Review, 2011.

Alex von Tunzelmann, *Indian Summer*, Pocket Books, 2007.

Abraham Eraly, *The Age or Wrath*, Penguin Books, 2014.

Rana Dasgupta, *Capital: Protrait of the 21st Century Delhi*, Fourth Estate, 2014.

Kushwant Singh, *The Sikhs*, Harper Collins, 1952.

Rabindranath Tagore, *Gitanjali*, Penguin Classics, 2011.

Amartya Sen, *The Argumentative Indian*, Penguin Books, 2005.

John Eliott, *Implosion: India's Tryst with Reality*, Harper Collins, 2014.

Khushwant Singh, India: An Introduction, Harper Collins, 1974.

Aravind Adiga, *The White Tiger*, Harper Collins, 2008.

Vikas Swarup, *Q&A*, Scribner, 2008.

오창균 · 김현혁 공저, 《인도를 읽는다》, 청동거울, 2012.

오화석, 《수퍼코끼리 인도가 온다》, 매일경제신문사, 2007.

김승호, 《맛살라 인디아》, 모시는 사람들, 2008.

공영수, 《또 다른 인도를 만나다》, 평단, 2014.

김도영, 《12억 인도를 만나다》, 북치는 마을, 2013.

자현, 《붓다순례》, 불광출판사, 2014.

자현, 《에피소드 인도》, 불광출판사, 2015.

외교부, 《인도개황》, 2014.

월 듀런트 지음, 왕수민 옮김, 《문명이야기》, 민음사, 2011.